JN086103

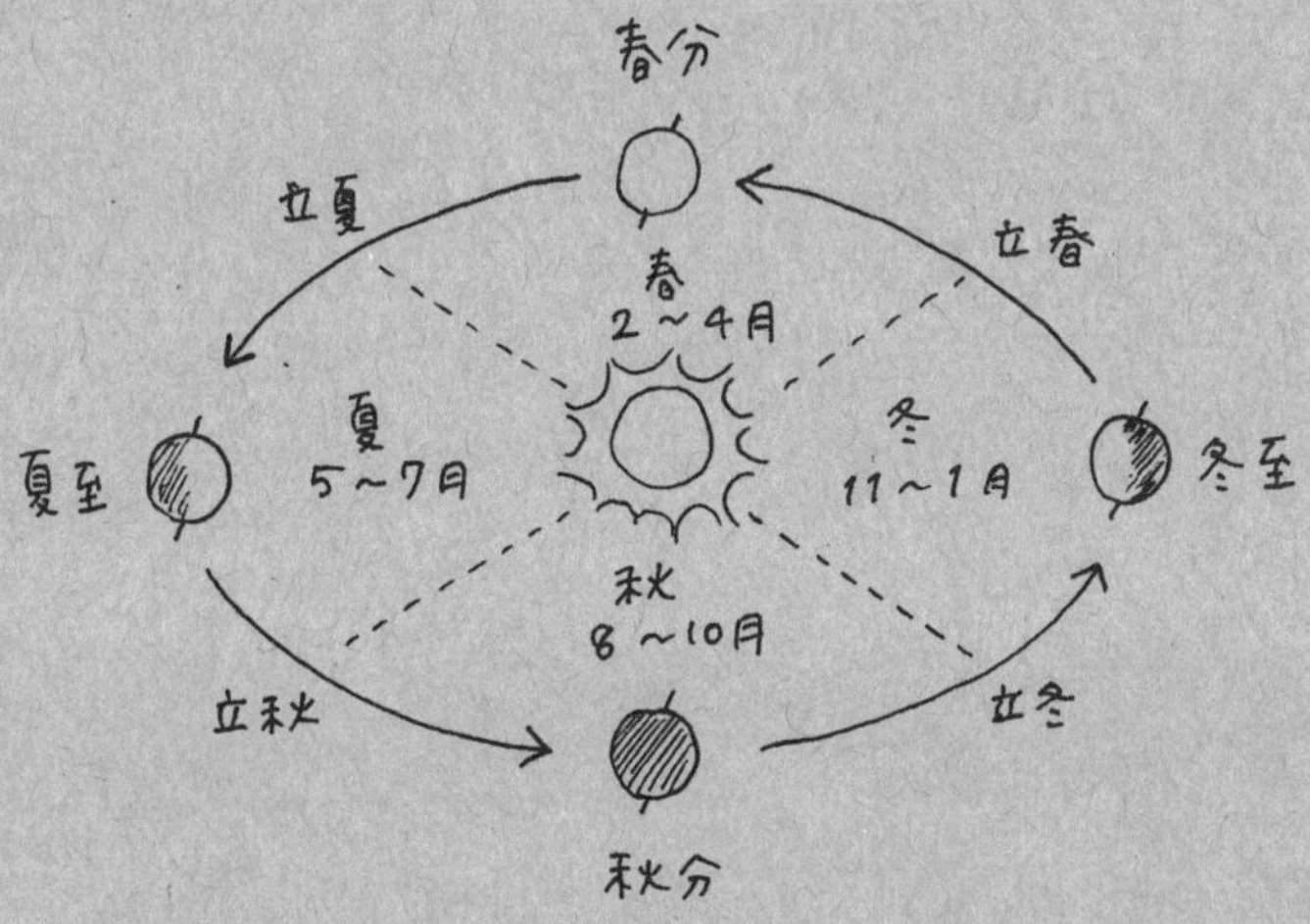
春分
立夏
立春
春
2～4月
夏
5～7月
夏至
冬
11～1月
冬至
秋
8～10月
立秋
立冬
秋分

奥津典子の台所の学校

WAVE出版

はじめに

この本は、みなさまの日々の台所と健康に役立つこと、そして生産者さんや、食べられる命（食材）の幸せを願って書きました。現代は、昔と違う意味で慌ただしく、なかなか、きちんと料理をする時間を取れない方も多いと思います。できればつくりたいのに、疲労や不調、通院の時間や家族の不調でその時間が取れない方も多いことでしょう。

台所の魅力の一つは、体調を姿勢と内臓の両面からよくしてくれることです。健康は、安心と夢の土台です。時間の節約にもなり、毎日に余裕が生まれます。けれど、やみくもに健康食をやってもおいしくできないし、意外と元気になりません。大事なのは、自分の身体と対話すること。まず包丁の持ち方と体温を手がかりにしていただければと思います。

食と健康を意識すると、命である食に「良い悪い」と、つい裁判官になりがちです。すると愉しくなくなって、食の根源である喜びが遠ざかってしまいます。ある程度の知識は必要ですが、大事なのはよく見ることです。評価より理解が、健康とおいしいの根源です。

食べ物は命ですから、最終的に悪いものはありません。恐れずに、食べたいように食べて大丈夫なのです。けれど、命をいつくしんで料理し、大切な身体に迎え入れましょう。食材を授けてくださった、海の神様、山の神様に祈りを捧げ、自分の身体の中の神様にお供えすることが「食」の本来だと思います。天地の恵みと台所をつなげてくれるのは、生産・流通のみなさん。台所は世界とつながっています。

台所で、たった一杯のお味噌汁でも丁寧につくってみると、手を動かすことで、心が鎮まります。料理する行為を通じて、自分の中に優しさや生きる意志が残っていることを確認できるとき、しみじみと安心します。

台所は、見る人にも元気をくれるようです。台所の音。揺らぎ。香り。気配。誰かの姿が、あなたの記憶にも何か深く残っていませんか。台所で誰かが何かをつくるとき、その周りにいる人も、かけがえのない何かを得ているのだと思います。

そんな、とても大切な台所。

週に一度でも、台所に立ちたいという方に、この本が役に立ちますことを願っております。どうぞ、あなたの今日が、佳き日でありますように。よくないことも、新たな大きなよきことの始まりでありますように。

奥津典子

目次

2時間目　ごはんと台所

3時間目　身体と台所

4時間目　四季と台所

5時間目　健康と台所

6時間目　家族と台所

「台所の学校」の方針

「台所の学校」は、人びとの幸せと健康、素材である命の本来と幸福、次世代である子どもたちの幸福と彼らによりよき環境と社会を残すことを願っております。

方針

・旬のおいしい食卓をつくる
・健康をつくる
・食べる命、食べられる命、双方の克服
・自分の軸をつかみ、情報化社会に振り回されないこと
・経済に依存しすぎず、安心のある暮らし
・環境負荷を減らし次世代につなぐこと
・第一次産業・技術者へのリスペクトと技術の継承
・子どもたちの幸福をはじめ、多様性を前提とすること

台所の役割

・家族の健康と幸せの土台をつくる
・食材の最後の姿を見届け、料理を通して供養し感謝を伝える
・自然界と人間をつなぐ
・社会と個人の健康と未来をつくる
・多様な命を讃え、八百万（やおよろず）の神々に感謝を捧げる
・自分に立ち返り、心を鎮めて日々の安心を支える

台所仕事が愉しくなるためのポイント

1 とにかくつくろう

週に一度や毎日など、自分のペースで「つくる」を大事にしましょう。どんなときも、家族や友達、誰かと手料理を分かち合うことを大事にしましょう。うまくつくれたかどうかより、「つくったかどうか」を主眼にしましょう。

2 評価よりやってみること、いつくしむこと

食べ物は命です。そこに「良い悪い」は存在しないし、失礼です。自分自身もかけがえのない命です。食材との出会いを大切にしましょう。評価ではなく理解が大切です。手を動かすことで心が鎮まります。

3 身体を先生にする

頭で決めずに身体に聞きましょう。具体的には、体温を目安にします。夢を見ないでよく眠れ、よく排便排尿ができ、ごはんをおいしく感じられるか。運動できるかどうか。唇や肌つや、関節の柔らかさなど「自分の身体」を先生にしましょう。

4 素材をよく見つめる

どんな素材も、ただじっと愛おしく敬意をもって見つめる時間を数秒でも、数分でもつくってください。まじまじと見つめたとき、何も知らないことがわかるでしょう。情報を優先せず、そのものと自らの目や感覚で出会ってください。

5 旬と暦と歴史を感じる

今日という日は人生で二度とありません。できる限り旬の食材を用い、今の身体の糧としましょう。偉大なる先人の知恵、暦がつなげてくれます。さまざまな歴史があって、今の私たちが今日を迎えられています。台所から歴史をつなぎましょう。

6 食べられる命の幸せもつくろう

食材は、元はすべて命です。彼らは食べられて私たちに同化します。その命を受け止め、彼らを活かし、彼ら自身も気持ちよく、私たちになれるような料理を目指しましょう。

7 第一次産業や製作者を大切にする

台所には、この世界がつまっています。私たちは一人では何もつくれなくても、農家や鍛冶職人、さまざまな人の技術と労力で豊かな文明生活が支えられています。消費社会が消滅させようとしている技術に感謝し、尊重しましょう。

8 できるだけ地球環境を意識する

できる範囲で、ペットボトル、プラごみ、合成化学洗剤、電気消費など、地球環境と次世代の負担にならないように、地球と次世代からの搾取を減らしましょう。

9 動植物の権利を尊重する

食べられる動植物はどんな風に生まれ、生きて、亡くなっていったのでしょう。彼らの本来や喜びを無視し、消費社会の経済効率を優先している現代社会です。生産者さんの力を借りて、彼らの本来の生活リズムや種・生を尊重した台所に変えていきましょう。

10 素敵なお店に行こう

ときには台所を出て、外に学びに行きましょう。独立独歩、リスクを背負って、素材や生産者を大事にし、素敵な料理をつくっているお店に行きましょう。おいしいものを食べると料理が上手になります。外食でしか得られない幸福も大事にしましょう。

・道具と台所

1時間目

〜料理道具に触れる愉しみ〜

台所を自分と道具の静かで愉しい居場所にするために

よい道具は、台所での作業と、そこに居ること自体を愉しくしてくれます。そして、季節と健康を意識した台所を始めると、自然と電化製品、プラスチック製品が減って、木や竹、鉄など自然の材質の道具が増えます。すると、台所が、少しずつ静かで落ち着くような場所に変わっていきます。伝統的な道具はとても合理的で、台所仕事をサポートしてくれます。

もちろん、最初からすべてを揃えなくても大丈夫です。特に台所に立ち始めたばかりの頃は、「選ぶ基準」を身体が憶えていないから、無理に買い揃えても、自分と合わないかもしれません。けれど、いくつかの失敗は、経験となって必ず財産になります。

台所は、社会とつながる場でもあります。道具の後ろには、職人さんたちの歴史があるからです。消えゆかんとしている技術を、台所でつなげたらいいなと思います。

まな板

まな板は、台所のかなり重要な道具です。「檜舞台」という言葉にみられるように、まさに「料理という舞台」を支える、その土台＝台所そのもののようなベースとなる道具。

一枚ではなく、数枚あったほうが使いやすい気がします。私は野菜用、肉・魚用、そして、小さな果物やパンを切るボード、くたびれているときにさっと使える小さなボードの合計4枚を主に使っています。

野菜を切るのは特に厚手のまな板がいいです。厚みのため、切ったときの跳ね返りがよく、無駄な力や力みが必要ありません。そのことが自然と正しい切り方に導いてくれ、台所仕事をラクに、疲れにくくしてくれます。素材は国産檜や国産銀杏が、理想的です。

まな板は使う前に、必ず水で湿らせます。こうすると、木の細胞が水で膨らんで隙間が埋まり、雑菌が残りにくくなります。食材を替える都度、洗うか拭き、最後はシュロたわしなどで木目に沿ってこすり洗いし、熱湯をかけます。その後、さっと拭き取り、木目を立てて陰干ししておけばとても長持ちします。

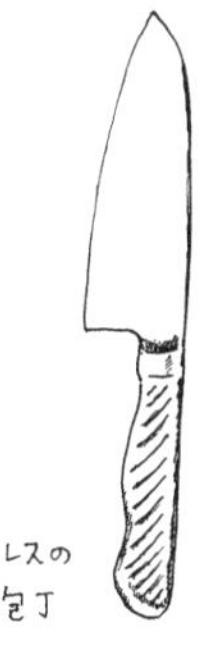

包丁

包丁選びは道具の中で一番難しいと思います。焦らず、じっくり時間をかけてください。包丁次第で、料理は愉しくも苦痛にもなります。そのくらい重要な道具だと思います。

包丁には和包丁と洋包丁があります。洋包丁は両刃、和包丁は片刃が通常です。大雑把に言うと、洋包丁はお肉やチーズ、果物や酸が多い素材を切るのに向いています。一方、和包丁は野菜やお魚を切るのに向いています。

最初はTOJIROなど良質の三徳包丁が1本あるといいでしょう。万能で安定した仕事をしてくれます。さらに和包丁で菜切包丁、出刃包丁。洋ならペティナイフ、和なら小出刃包丁があると便利です。

和包丁の魅力は、使い手によって変化すること。自分の体調やコンディションが反映されます。使っているうちに、自分の分身のような包丁になって手離せなくなっていきます。

優れた包丁は、正しい持ち方に導いてくれます。間違った持ち方だと使いにくいのです。優れた職人の包丁は、その仕事を通じて、道具を持った私たちを整えてくれます。

土鍋（または鋳物ホーロー鍋）

玄米や分づき米の炊飯と、野菜料理に、ほぼ毎日登場するのが、土鍋や鋳物ホーロー鍋です。寒い季節には具沢山のスープや汁物も、土鍋でつくるととってもおいしい。

玄米は土鍋で炊くと、浸水時間によりますが、圧力鍋より時間がかかります。けれど、圧力鍋よりふわっと軽やかな炊き上がりで、私はとても好きです。鋳物ホーロー鍋で炊くと、軽やかですがもうちょっとパラリとしていて、噛み応えを愉しめます。

我が家は毎日、玄米と分づき米を土鍋や鋳物ホーロー鍋で炊きます。憧れは竈（かまど）の火ですが、ガスでも、炎での炊飯は、慣れると愉しくておいしくて、やめられません。

電気炊飯は、続くとなぜか、身体が曲がったり腰を痛める方が少なくありません。

ガス火で炊くコツはぶくぶくと、よく吹きこぼれる程、対流を起こし、そのときにしゃもじでかき混ぜることです。ときには焦がしたり、失敗したりもありますが、それがまた、私たちの感性を育ててくれます。炊き込みごはんも、育ち盛りの子どもたちのおやつも兼ねて、よく炊きます。

我が家のおやつ・副菜の定番は、かぼちゃや大根、キャベツ、カリフラワー、とうもろこしなど、アクが少なく甘みが強い野菜の無水炊きです。このおいしさは、腕というより、素材と鍋次第。野菜嫌いのよその子どもさんが、「おいしい！」と驚いて食べてくれます。

土鍋で野菜を炊くと、まず野菜の外側だけが多方面から熱され、ゆっくりと内側に熱が伝わります。野菜の多糖質が十分に分解され、甘く消化しやすくなるのです。これは、浸透率が高くて速い電子レンジでは再現できないおいしさです。

野菜の無水炊きは、野菜を切って、良質の塩を全体に散らし、ゆすって馴染ませて鍋に入れ、高さ1㎝程度の水を足して加熱します。すると、野菜から水分が出て、その水分が蒸気となって熱をゆっくり伝えるため、煮物より素材の甘みが引き出されます。

なお、さつまいもはアクが強いので、両端を落とし、輪切りに切った場合は、塩水に浸してから火入れします。最後に上質のオリーブオイルやごま油をかけたり、ざっと油で炒めてから無水炊きするのもおいしいです。

香りがつきにくいタイプの土鍋なら、りんごを炊いたり、無水調理したりすると、おいしいです。そこに、少しのシナモンをふったりすると、立派なスイーツができあがります。

大きな浅い形の土鍋は、鍋料理が最高においしくできます。卓上コンロがなくても冷めないので、大活躍してくれます。

圧力鍋

圧力鍋が登場するのは玄米を食べる家。鍋を増やすのに抵抗があって、玄米に手が出ない方もいらっしゃるかもしれません。でも、今時の炊飯器は高額・高性能で、もう20年以上家電と縁がない私はびっくりします。

玄米ごはんは圧力鍋でなくても炊けます。しかし、圧力鍋の利点は早いこと。日常生活に玄米を常備しやすくしてくれます。他には小豆をレーズンやくるみ、甘栗などと炊いておやつに。放牧短角牛のすね肉などで、カレーシチューをつくるときにも使います。蓋を取るか、圧をかけなければ、寸胴鍋としてパスタや麺をたっぷり茹でるときも便利です。

圧力鍋はさまざまな種類があります。選ぶときは、大きさ、重さ、耐久性、圧の強度、そしてデザインで選ぶといいでしょう。私は玄米を炊飯することが主な目的ですから、低圧の鍋を用いています。

炊飯器が普及する前は、重たい鍋、そして丸底の分厚い釜を竈（かまど）にかけて炊いていました。今のガスの炎でも、圧力鍋なら竈炊きに近い炊き方を再現できます。

雪平鍋

我が家で、中華鍋の次によく使うのが雪平鍋です。毎日のお味噌汁、茹で物、簡単な煮物が主な用途です。頻繁に使いたくなる理由は、軽くて熱伝導が早く、シルエットが美しいこと。急いで料理をつくりたいときに、ぱっと持って、ぱっとお湯を沸かせることは、コンロがだいたい二〜三つの家庭に重宝します。

特に私はさつまいも、里芋、くるみといったアクが強い素材を下茹でしたり、厚揚げや油揚げを湯抜きすることも多いので、軽くてすぐお湯が沸く鍋はありがたいです。

マクロビオティック業界では、アルミは剥離し、体内に溶け込むと有害になりうるとの説があり、避けるようにいわれています。しかし、本物の雪平鍋は製造時に何度も叩かれて鍛えられていて、簡易なアルミ鍋とは別のもの。ただし、アルミが苦手な酸の多いレモン汁や酢を用いる料理は、避けています。

しっかりと何度も叩かれてつくられた雪平鍋は、角度が複雑で対流を起こしてくれるので、弱火より中火でぐつぐつ煮るような煮物がおいしいです。特に落とし蓋をして、上までしっかりと対流を起こす煮魚などは、得意の鍋。また、持ち手が木だと、冬でもあたたかみがあって手に取りたくなります。

中華鍋

一人暮らしを始める方に、最初にすすめたい鍋は中華鍋です。

本当に使い勝手のいい鍋で、我が家はほぼ毎日使います。独特の形で熱回りがよく、においも移りにくく、炒め物、シチューやスープ、カレー、煮魚や煮込み、茹で野菜、揚げ物、なんでもできます。個人的には両手鍋でなく、片手の中華鍋がおすすめ。

材質は、剝がれにくい良質な物を。揺らすことも多いので、手で持ったときに辛いと感じない重さがいいです。私はあまり軽すぎるのも苦手なので、鉄製です。我が家は5人家族なので、直径30㎝ですが、一人暮らしの方でも使いやすい大きさだと思います。

中華鍋には2種類あります。持ち手が一つで底が深い北京中華鍋と、持ち手が両側にあり、浅く底が広い広東中華鍋。どちらがいいかは、よくつくる料理次第です。揚げ物や煮魚など水や油によく素材を浸らせたいなら、深い北京鍋が向いています。蒸し料理、炒め物、シチューをよくつくるなら広東鍋が便利。どちらもすばらしくて甲乙つけがたいです。

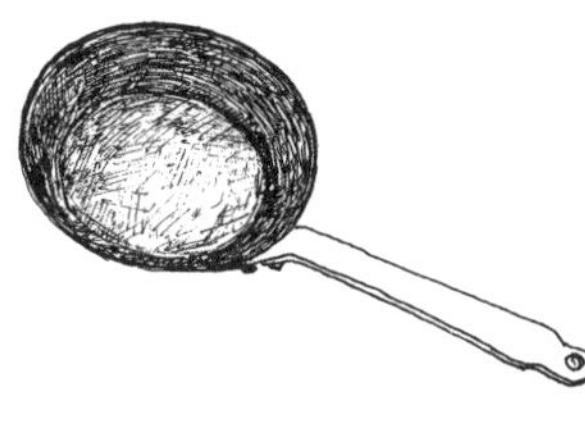

フライパン

直径が24～30㎝の厚手のフライパンが便利で、よく使います。一番の用途は大好きな野菜のステーキ。元気な野菜は、焼くだけで本当においしいです。

野菜の自然な甘さを引き立てるコツは、温度と時間です。だからこそ、一定の温度を保てる厚手のフライパンがいい仕事をしてくれるのです。私はごぼうが大好物です。じっくり焼いて、徐々に熱を通すと甘みと旨みが深く、わずかな醤油だけでおいしくできます。食養料理の代表格ですが、これで身体にもいいなんて、本当に幸せです。

我が家は定期的にごま塩をつくるため、ごまを煎るのにも、安定した温度を保てる厚手のフライパンが必要です。パンケーキを焼くときも同じです。厚手のフライパンで、一定の温度で、かつ鉄だからこそ、熱の当たり方が多方向でおいしさを引き出してくれます。

ベジタリアンをやめてから、卵の旬には毎日登場する目玉焼き、オムレツ。ムニエルや焼き魚、ときには簡単なすき焼き風にしてみたり、お肉を焼いたり。動物性食材が増えると「焼く」が増えました。油分を多く含む食材は、焼いてそれを溶かし流出させることで、おいしくなると実感しています。

我が家は5人家族ですから、毎朝お弁当と朝のおかずをつくるのに、大きめが便利。フライパンの半分で野菜を焼き、半分で卵を焼くということもよくやります。意外な使い方では、ときには茹で野菜も。面積が広いため、重なり合わず、お湯が少量でいい人参など根菜を茹でるのに、便利です。

私が愛着を抱くデザインは、取っ手まで1枚の鉄でできたシルエットのフライパンです。無駄のない美しさにいつも心惹かれています。洗剤も使わずに洗い、空焼きして、よく油を染み込ませて使います。フライパンは質でかなり左右され、いいものだと本当に長持ちしますが、鉄の焼き込みが甘いものだと焦げやすかったり、歪んだりしてきますので、よく吟味して選んでください。

重さも、フライパンに関しては軽すぎないほうが、私は好きです。さまざまな調理プロセスの中でも「焼く」には、原始的な雰囲気を求めているのかもしれません。そのほうがおいしそうに感じるのかなと思います。

一方で最近の主流の一つである、エンボス加工が施され、持ちやすいデザインのものは、利便性をよく追求してあり、家庭では使いやすく重宝します。台所初心者で、手入れも失敗なく、とにかく「つくる」回数を増やしたい！　という方は、まずこんなフライパンの力を借りるといいと思います。道具選びも、いい意味で自分基準があることは大事です。

木のお皿

質感がよく、薬剤が気にならない木のお皿が好きで、作家さんのつくったものをいくつか愛用しています。一番登場するのは、お茶・おやつの時間。お茶うけが、好きなお皿にのっているだけで、豊かな気分になります。

それから我が家は、いつも小さい子がいる状態が続いたので、割れにくい木のお皿は本当に助かりました。みかんを剥いたり、おせんべいやおむすびを食べたり、ちょっとした受け皿が欲しい場面がたくさんあります。

ときには市販のお菓子を食べることも、もちろんありました。そんなときも子どもたちは、まずは木のお皿に並べることを嬉しく思います。すると、自然と食べすぎも防げているのです。袋を開いてそのままだと、早食いになり、かつ空っぽになるまで食べ続けてしまっていたように思います。

おやつの時間に、天然の塗料を使った木のお皿ですと、子どもが自分で出せて、洗ってお片づけもラクです。水に浸しっぱなしにできないことも、子どもの感覚を養うのに、助けになった気がします。

わっぱ

毎日子どもたちにお弁当を持たせる我が家では、いくつかのわっぱが欠かせません。ローテーションで毎日一つか二つは使い、最低一つのわっぱは休めるようにしています。

ただし、子どもが幼稚園児の頃は、好きなキャラクターのプラスチック製のお弁当箱にしていました。給食の中、一人お弁当を開く子どもたちに、お弁当の時間を愉しみにしてほしかったのです。けれど、だいたい小学校の2〜3年頃から、わっぱでいいと言い出します。我が家では、わっぱは、小さなお櫃として、残りごはんの保存にも使っています。

わっぱは湿気を吸いますが、本来は炊きたてのごはんをそのまま入れません。一度ごはんを飯台やお皿やトレイなどに広げて、蒸気や水分を減らしてから詰めます。そのほうがおいしく、においもこもらず、わっぱも長持ちします。使用後はシュロたわしや重曹などで洗い、その後必ず熱湯をかけて、拭き取り、逆さにしないで干します。乾いたら蓋を閉めないで、開けたまま。蓋と共に横向きにして置いておくと、傷みにくいです。

蒸籠（せいろ）

蒸籠の姿には誰もが心惹かれると思います。でも、あまり使わないし、手入れも心配と思う方が多いかもしれません。我が家はよくパンを焼かずに蒸します。天然酵母系のハードパンのおいしさがひきたち、喉が渇きません。蒸気は100度以上ですから、パウンドケーキやマフィンも焼かずに蒸してつくれます。米粉も少し加えてつくると、焼いたときよりも軽く、お腹にもたれにくいです。米粉と小麦粉の蒸しおやつは、2〜3歳のデリケートな胃腸の時期にも安心です。

それからなんと言っても塩をふった旬の蒸し野菜。そのままでもおいしいし、蒸した後、オイルや醤油、バルサミコ酢などと和える愉しみ方もできます。塩麹に浸した豆腐やお魚、卵は蒸しても美味。ごはんを温め直すのにも蒸籠は重宝します。焼く、炒めるは素材が乾きますが、蒸す、茹でるのようなみずみずしい調理法は食卓にバリエーションがつきます。なお、使用後は蓋は洗わず乾かすだけ。蒸籠本体も部分的にたわしなどでこすって拭けばよく、丸ごと洗いはときどきで充分です。

蓋と落とし蓋

地味な工程ですが、意外と重要なのが「蓋をするかしないか」です。料理が大きく変化します。

野菜が多い汁物やスープは蓋をしないで煮ることをおすすめします。具の旨みが汁によく溶け出て、野菜のくさみがとびます。

一方、土鍋での煮しめや煮込み、炊飯、お粥など、野菜や穀物の甘みを引き出し、汁よりそのものに、味わいを残したい場合は蓋の重さが重要で味を大きく左右します。

若い頃の思い出で、軽い蓋の鍋しか持っていなかった私。炊飯時は、すり鉢（は、持っていたのですね）をひっくり返し、蓋の上にかぶせて重さを足していました。危ないのですが、そのくらい、蓋が重くないとおいしく炊けないと実感していたのです。そんなわけで、選ぶときは、蓋の形もよく見ましょう。

他に蓋が大事なのは、蒸し焼き料理。私はフライパンにぴったりの透明の蓋を、中華鍋とフライパン、雪平鍋にも使用しています。中の状態が見えるので便利です。でも蒸気でしょっちゅう曇るので、食材の固さと甘さをバランスよく、ここ！　という決めどころで蒸し焼きにできたときは密かに喜んでいます。

そして、日本の知恵「落とし蓋」。対流を起こして煮たいとき、煮詰めたい大根料理や煮魚に欠かせません。

クッキングシートやアルミシートで代用もできますが、やはりごみを出したくないし、見た目も木の落とし蓋が私は好きです。野菜やお魚など柔らかい素材に使うこともあり、金属のそれは用いていません。

一番よく使う鍋の大きさよりちょっと小さいものが一つあるといいでしょう。鍋は大小の2種類をよく使う場合は、と迷ったら、小さいほうを優先したほうが使い回せます。入らないとどうにもなりませんから。釘で打たず、木の形で蓋が取れなくしてあり、合成接着剤を使っていない落とし蓋が安心です。

私は、野菜用と魚用で2種使い分けていたのですが、1枚割れて、やむを得ず1枚で使い回していますが、意外と香りは移っていません。コツがあって、よく水を通してから使うとにおいが染みつきにくくなります。

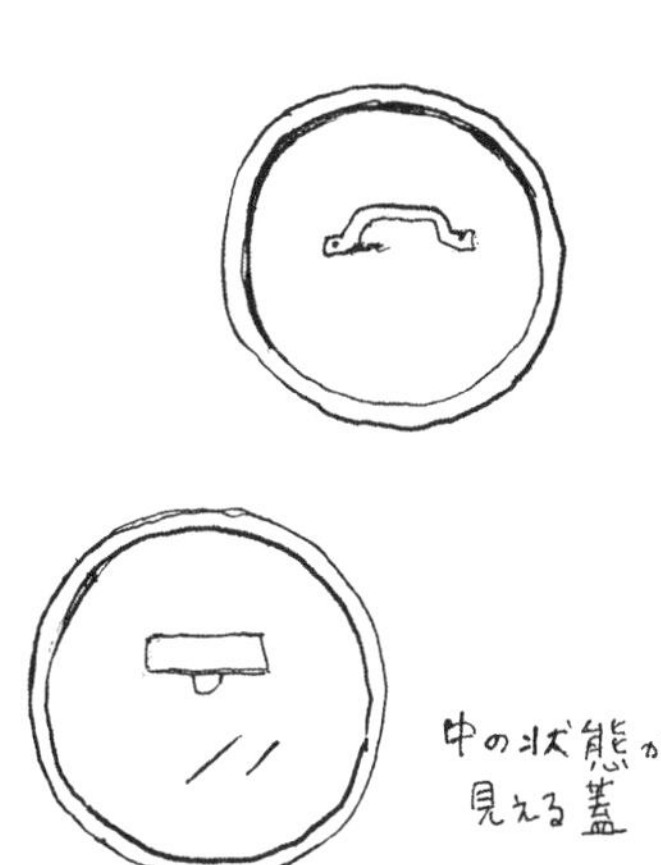

盆ざると米研ぎざる

竹製のざるが好きで、これがあるだけで、台所仕事が愉しくなります。

盆ざるは、茹で野菜を「おかあげ」するときに必要です。この「おかあげ」とは、茹でた野菜を水にさらさず、ざるに広げて自然と冷ます方法。普通の丸いざるでは、野菜が重なりあって、余熱で煮えてしまいます。でも、盆ざるなら野菜たちが広がって、見るからに気持ちよさそう。夏には、ざるそば、ざるうどん、素麺に。ざるがきれいだと、それだけでおいしそうに見えます。

もう一つ、台所を愉しくしてくれるのが、またたびを用いた米研ぎざる。これは福島県や東北地方の細かな手仕事の名品です。これでお米を洗うと、お米が一粒一粒優しくこすられて、気持ちよさそうです。力を入れて研いでも、金属製の道具の中で洗うのと異なり、お米にヒビが入りません。実際とてもおいしく炊き上がるのです。

すり鉢とすりこぎ

日本の台所に復権を願ってやまないのが、すり鉢と山椒のすりこぎです。「する」という選択肢が加わると、料理のバリエーションはとても広がります。二大横綱が白和えとごま和えではないでしょうか。

すり鉢は、大小二つあるといいです。直径27㎝前後と直径12㎝前後くらい。私は外側の釉薬の色が緑や白地に線が入ったもの、白地のものを持っていて、とても好きです。

小さいサイズの主な用途は、お味噌汁をつくるときに味噌をすること。雲仙で出会った城谷耕生（しろたにこうせい）さんのKINTOのマットな黒が気に入っています。小さいのに深く、力を入れてゴリゴリすり潰しやすくて優秀な形です。

すりこぎは山椒の木のものがおすすめ。山椒の木は硬くて重いため、ごまをする際重要な「力を入れずにする」が可能に。また、素材の色や香りが移りにくく、よく身がつまっているので、雑菌も繁殖しにくいのです。

ごまをすった後のすり鉢の掃除は、熱々ごはんと塩を少し入れて、すり鉢をゆすればまあるいごま和えおむすびが完成。家事が終わった後のおやつのできあがり。ごま塩の後は、熱々の番茶を注いで湯呑みに移せば、ごま塩番茶。これもおいしいです。

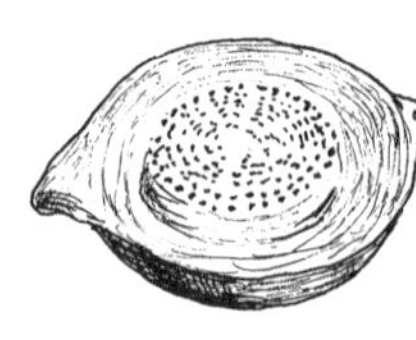

すりおろし

毎日登場はしませんが、ときどき大活躍する名脇役が、すりおろしです。大根おろし、りんごのすりおろし、おろし生姜など、薬味は料理に大切です。それに、薬膳、生姜湿布などの手当てに欠かせません。食材はおろすと、繊維が破壊されて酵素が増えます。だから薬効が高まります。ちょっとした熱冷ましや消化を助けるとき、香りを立てたいときに、「おろす」という選択肢が加わると、ぐっと幅が広がります。

とうもろこしやかぼちゃも、しばしばすりおろします。それを煮ると、とろとろのポタージュっぽくなるので、離乳食にも大活躍。ミキサーと異なり、優しい振動です。

おろしは、ふわふわと細やかにおろせる、セラミックのものを使い続けています。裏にゴムもついているとさらに使いやすいです。また、おろすところが広い形のものが使い勝手がよく、好きです。ちなみに大根は、繊維に垂直に粗く、素早く削るほど、辛くなります。我が家は子どももいるので、斜めに円を描きながらすって辛すぎないようにしています。

ボウル

ボウルは、どんなものを選ぶといいのかをお伝えするのが難しい道具の一つです。なぜなら、さまざまな形や大きさのボウルがあったほうが便利だから。

登場頻度が高いので、重さや質感など、好きなものほど料理が愉しくなると思います。でも私は、若いときに買った安物のボウルも、いまだにベコベコになりながら使っています。私はいろいろな大きさがあったほうが料理しやすいタイプなので、数が多いのです。

中でも好きなのは、小さなボウル。少量の和え物、おむすびの梅酢手水入れ、卵を割る、コロッケにパン粉をつける。パン粉はバットでつけるより、小さなボウルの中にパン粉を入れて、1個ずつゆすってまぶすと簡単です。小さい道具は、パッと手に取りやすく、すぐ洗え、作業を素早くしてくれます。

一方、深い形のボウルは、入れたものが外に飛び跳ねにくく、和え物やお菓子づくりに重宝します。ガラスボウルがあると、ステンレスのものより重いため、和え物がやりやすいです。重石をして、プレスサラダ（浅漬け）にしたときも、色や出てくる水分がよく見えてわかりやすい。浅くて広いボウルは、粉ふるいや何かをこねたいときに便利な形です。

鰹節削り

削りたての鰹節。それがあるだけで、ちょっと食卓が変わります。一方で、すばらしい発酵食品である本枯れの鰹節は、今日本から消えつつあります。

乾かしただけの鰹節と、ちゃんとカビづけした発酵食品である鰹節は別物です。

本枯れ節は、おいしさに加え、発酵の力でタンパク質やミネラルの吸収効率がとても高くすばらしい栄養保存食です。貧血や冷えの改善、疲労回復や健康に大変役立ちます。

けれど、削った鰹節は空気に触れるとすぐ酸化してしまい、香りとおいしさが半減。だからこそ、昔から使う都度、削ってきたのです。汁物に加えるとき、ほうれんそうや豆腐にのせるときは、香り豊かな新鮮さが嬉しいです。

削るのは難しいのですが、それがまた工夫を呼んでいいものです。慣れてしまえば、大した手間もかかりません。削りたての鰹節が大好きな方は多いでしょう。いつものメニューに、ちょっと削りたての鰹節をのせてみると、家族や友人たちにすごく喜ばれます。

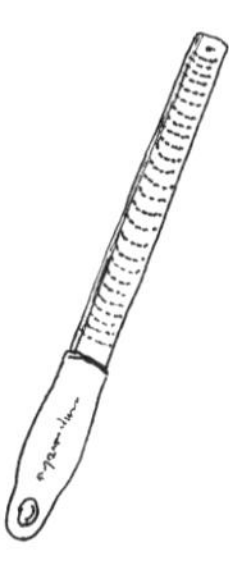

グレーター

柑橘類の皮をすりおろす道具です。よくお菓子づくりの材料に「レモンの皮のすりおろし」と書いてありますよね。私は若いときは、グレーターの存在を知らず（国内でほとんど売られていませんでした）大根おろしと同じすりおろしで皮をおろしていたのです。今思うと、あれでは柑橘類の皮に傷をつけていただけだなあとクスクス笑ってしまいます。

グレーターで、スーーーッとレモンの皮をふわふわに削る心地よさを初めて体験したときは驚きでした。「すりおろし」の西洋と東洋の違いですね。

柑橘類はグレーターが絶対いいです。とにかく香りがすばらしい。特に無農薬の柑橘類は、外側は無骨なようでも、香りの華やぎと複雑さが見事です。クッキー、パウンドケーキ、アイス、甘酒シャーベットに。

もっと身近なのが、スープやお味噌汁に、柚子の皮、レモンの皮をおろしてふわっと加えると愉しいですよ。なお、レモンの皮などは、白いところまでおろしてしまうと苦みだけで香りがないので、気をつけてください。

砥石

包丁と暮らすにあたって、欠かせないのが「砥石」です。初心者はダイヤモンド砥石が研ぎやすいと思います。片面の粒度1000〜1200番がいいでしょう。

数字が多いほど細かく、仕上げに向きます。研ぎに慣れてきたら、細砥(3000番以上)を仕上げ用に買い足しましょう。よく水に浸して使います。

ダイヤモンド砥石は、砥石自体を研ぐ必要がなく、事前の浸水もほとんどいらないため初心者でも上手に研げます。腕力が強い人は、研ぎ(削り)すぎに注意してください。

一般的な砥石は、毎回砥石自体を荒砥でこすって、平面にしておく必要があります。時間はかかりますが、優しく研げるので私は好きです。包丁の側面を磨くには、耐水ペーパー(800〜1000)があると便利です。

包丁の研ぎ方

①砥石も包丁もよく湿らせます。砥石は番号の少ないほう↓多いほうで仕上げます。

②包丁を斜め(45度くらい)の向きに持ち、砥石の1000番くらいで、刃先から研ぎます。角度は一定に保ち、指でしっかりと刃と包丁を密着させ、常に湿らせな

がら、刃を動かします。このときに、刃の薄さを決める角度は大切ですから、よく研究してください。

③刃がついてきたら、徐々に手前に移して、全体に片刃をつけます。指でさわると「かえり」と呼ばれる手触りがあります。

④反対の向きを、よく湿らせながら研ぎます。

⑤調えます。数字の多い砥石で滑らかに両面を調えます。

⑥耐水ペーパーでさびなどを磨いたり、側面を磨いて仕上げます。

⑦よく洗って拭き取ります。いらない素材で試し切りします。木の柄には乾いているときにときどき油をすりこみます。

包丁研ぎは、研いでいるうちに、だんだん無心になってきて、自分の奥底に入っていくような不思議な魅力があります。しかし、みなさん「研ぐ」を習ったことがないため、苦手意識も高い作業だと思います。かくいう私も今もそれほど得意ではありません。でも、研ぎ続けることが大事ですし、ある程度は誰でも上達できます。困ったら、是非プロに研いでもらいましょう。どんな形でも、包丁との時間を増やすといいです。

忙しさにかまけて、研ぐ時間を取れないこともありますが、そんなことも含めて、包丁と歩んでいけばいいと思います。よく研げた包丁で切る気持ちよさは格別で、「切れ味」という言葉に納得します。

レードル

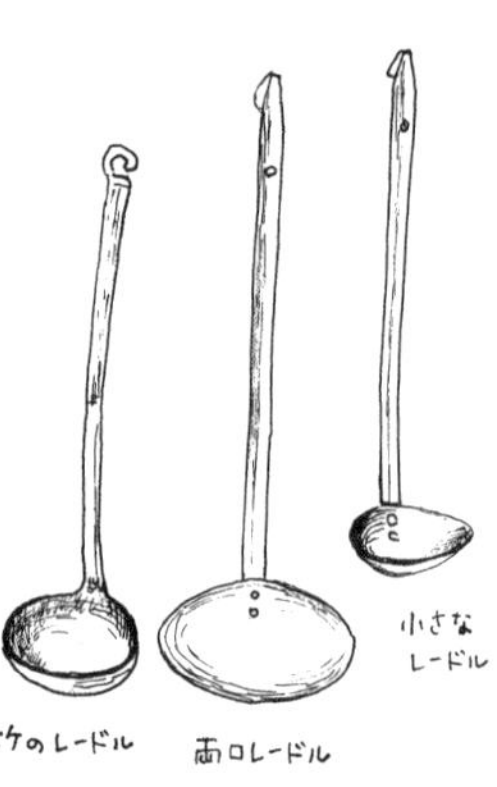

最後の盛りつけの際に登場するレードルの形は、案外重要です。鍋の形に沿ってくれるか、すくいやすいか。毎日使うものですから、小さな違いが、作業効率の大きな違いになります。

例えば、夫はサウスポー（左利き）ですので、両口レードルが活躍しています。右利きの私でも、両口レードルは大変便利です。

角度もあまりに急だと扱いにくいので、気をつけましょう。丸みが鍋のへりに沿わせやすく、かつ縁のカーブが浅い形のほうがすくいやすいです。一度にすくえる量も大切なポイントです。使いやすいレードルがあると、毎日のスープや汁物をよそうことが、愉しくなります。

金属だけでなく、竹の節を利用したレードルもおすすめです。これは、ほろほろと炊き上げたお粥など、柔らかさを損なわずよそいたいときに使います。

小さなレードルは、ソースや梅シロップ、お菓子の生地をマフィンカップなどに注ぐときに役立っています。

シュロたわし

木の調理道具があるとシュロたわしでこすりたいものがどんどん増えていきます。二〜三日に一度、重曹を溶いた水で煮沸すれば、衛生面も安心です。野菜も皮ごと食べるときは、シュロたわしで洗うと便利。泥を落とすだけなら、よく水けをきって、陰干ししておけば、何年でも使えます。私は、キッチン用、お風呂用、出張用といくつも持っています。姿もなかなか可愛らしくて好きです。

軽量スプーン

計量スプーンは、柄が硬いしっかりしたものがおすすめです。特に我が家は「米飴」というかたい調味料をよく用いますので、柔らかい計量スプーンだと曲がってしまうのです。

しっかりした、柄の長い計量スプーンは、変形もせず、使い勝手がいいです。些細なことですが、ぱっと急いで使いたいときに、ぐにゃっとならず、頼もしくサポートしてくれる脇役は、本当にありがたいです。

洗い道具

片づけは、いかに、環境にも身体にも負担をかけず、きれいにするか。これをゲームのように愉しみたいです。自分たちの排水で、海や土に負担をかけたくないですし、使い捨ての手袋が必要な洗剤、動物実験している洗剤は使いたくありません。

洗剤はできるだけ自然還元性の高いものを置き、かつ必要なときだけ使います。欠かせないのが、お湯だけで汚れがかなり落ちる「びわこふきん」と麻布です。メラミンスポンジもプラスチック製品と気づいてやめました。

雑誌や新聞紙は、切り揃えて、油汚れを拭き取ったり、コンロや換気扇を拭くのに便利です。卵の殻も、水筒の中やシンクなどをガラガラこすりたいときに。重曹もすぐ使えるようにしておくと、たいていの油汚れは落ちます。五徳も重曹で煮沸して、しばらく置くと、きれいになります。防水ペーパーも、ごしごしこすりたい部分にお役立ち。

作業の工夫は、タイマーか音楽で時間を区切ること。億劫に感じたときは、体温を測り、食と生活を振り返る。

また、我が家は家事は家族みんなでやるようにしてきました。実はこれが一番愉しくなるコツかもしれません。

オレンジスプレー

洗剤や洗浄は、できるだけ食べ物のもととなる土や海を汚さない、ごみを出さないように、心がけています。

初夏には、オレンジスプレーを手づくり。汚れている箇所にオレンジスプレーをしゅっしゅっとかけて拭き取ると、油汚れも取れますが、香りが爽やかです。掃除はくさいと辛いけれど、いい香りだと愉しく、やる気もアップします。

つくり方

①オレンジ(または柑橘類)の皮をよく乾燥させる。このとき、皮の内側の白い部分は取る。

②35度以上の焼酎に2週間以上浸す。

③ガラスのスプレー容器にオレンジの皮を浸した焼酎と約4倍の水を入れてよく混ぜる。

※水を混ぜたスプレーは傷みやすいので、2週間以内に使いきる。

我が家は環境に配慮した洗剤と、この自家製のオレンジスプレーを併用しています。洗剤から手を保護するために、ビニールの手袋を使う方もいますが、このオレンジスプレーなら素手でもピリピリしません。

休み時間

なぜ台所に立てないのでしょう

台所仕事、やらなきゃとは思うのだけど、忙しくて、できなくて……。

そんな風に、罪悪感を抱いたり、モヤモヤした気持ちになったことはありませんか。女性なら誰でも経験があると思います。特に、現代社会は、家事労働を「非効率」とみなす傾向が強く、その価値を社会自体が軽視しています。

それでも、家事にこだわったり、罪悪感を抱いたりするのはなぜでしょう。それは（本当は）「できるはず」という自信、無駄で非効率に見えても、本当はとても大切なこと、というよい意味で本能的な気づきなのではないでしょうか。

経済発展こそ幸福の充分条件とする現代における、ある意味不自然な現代の仕事や消費活動。反対に自然のリズムで動くのが、台所や家庭といえるのかもしれません。その狭間で、多くの人が戸惑い、ときに幸福の土台である健康や家族、友人との食事を失っているように思います。

台所に立てないのはなぜかと考えたとき、個人の問題だけでなく、時代の価値観が影響していると思います。では、いったいこんな時代に、実際どうしたらよいのでしょうか。

毎日の台所仕事をきちんとするために、自分でなんとかしようとすると、自分のだらしなさや、教育、要領の悪さとか、性質や習慣の問題ばかりがクローズアップしやすく、ちょっと苦しいですね。その部分の努力もコツコツと積み上げる必要はもちろんあると思いますが、一番の理由、それはずばり「体力が落ちている」「体調が悪い」ではないでしょうか。

具体的には、筋力の衰え、血液中のミネラル分が足りない、体温が低いなど。骨盤のゆるみすぎや、かかとに重心を置いた立ち癖も、身体を動かすことを苦手にします。

家事はある意味で、体育・リズムの時間だと思うのです。もちろん、視覚情報や時間空間の認識整理能力の問題という理由もあり得ます。しかし、前者の体力の問題は食事と生活習慣で家事レベルなら解決できます。後者の認識問題も、内耳とリンパなどが関連しますから、改善は可能です。

つまり、「台所に立てない」というのは、自身の性格以前に身体の問題だと私は思います。だからこそ、頭・情報・お金の時代に、身体・感覚・自然・季節が司る台所はすばらしい、必要、だと思うのです。台所仕事を通じて、自分の身体を好きになり、台所を人生の味方にしていただけたら嬉しいです。

ごはんと台所

2時間目

~元気になる基本の食事~

日々の土台、元気の元になる始まりでゴールのような台所

いよいよ台所の時間です。毎日の台所仕事のベースである炊飯やお味噌汁のこと、おいしいと喜ばれるおむすびのコツ、ごま塩やすりこぎの思いがけない素敵な力。

地味なメニューばかりですが、「地の味」とはよくいったもので、滋味豊か、風土と旬の奥行きがあり、ほっとするおいしさがそこにはあります。それに、ベーシックなことがおいしくできると、台所に立つのが愉しくなり、自信も持てます。

ここで紹介するメニューは、血液のベース、つまり健康の土台です。あれこれできなくても、これさえできれば大丈夫。ごはんを火で炊くと聞くと、最初は無理だと思うかもしれません。けれど、私たちには、何百年、何千年とそうしてきた先祖の血が流れ、同じDNAを受け継いでいます。できるようになると、「足が地に着いた」ような安心を与えてくれます。それこそが、台所の役割なのだと思います。

元気の土台

一つ目に必要なのは、伝統製法の発酵調味料を含んだ無添加のスープです。特に味噌は、天然のアミノ酸が豊富なことがすばらしい。

極端な話、熱湯にいい味噌を溶いてちょっと煮たら「お味噌汁」です。それに特上の鰹節とねぎを刻んで散らせば、栄養価も高まり、本当にいい香り。それだけでも胃腸や血液はぐんぐん調いますから、肌にもハリが出ます。脳の働きを通じて気持ちも安定します。痰や咳が減る、腹痛がなくなるなど、効果はいっぱいです。

お味噌汁が苦手なお子さんは、味噌選び、だしの種類を工夫してみてください。味噌を使わず、塩麹と伝統製法の醤油のスープでもずいぶんいいです。私はスパイスやおろし生姜、醬油、バルサミコ酢をお味噌汁に加える

食は命ですから、それぞれ、すばらしい力を持っています。でも、もし、「健康に必要なものを三つだけ選んで」と言われたら、私は「この三つを一〜二日に一回はとっていただけたら」と答えます。

・ちゃんとしたお味噌汁(御御御付け)
・消化よく炊けた玄米ごはん
・加熱殺菌または薬品殺菌されていない発酵食、ごま塩や梅干し

こともあります。

二つ目ですが、玄米は適切に炊けば本当においしいです。3食ではなくて、一日数口でもいいのです。例えば、大さじ3の玄米を700cc前後のお水と塩麹か梅干しで炊いて、そのお粥の上澄みを数口飲むだけで、身体は変わってきます。他は家族が大好きな白米で大丈夫。

三つ目は、塩麹づくりや、ぬか漬けなどの発酵食も冷蔵庫の力を借りれば、そんなに大変ではありません。ザワークラフト(発酵キャベツ)、白菜漬け、たくあん、しば漬けなど、乳酸発酵食は特におすすめです。

健康食はシンプルです。そもそも、昔からずっとつくられてきたもので、特別な道具を使うのではなく、人の手でつくれるものばかり。でも、現代人には、ちょっとの手間と時間が、一番の難関かもしれませんね。

健康でないと、結局時間をとられ、大変さが増えます。それにおいしさは毎日の愉しみ。また、台所のいいところは、お味噌汁だけでもつくり続けると、足が地に着いたような、あたたかな何かが得られることだと思います。シンプルだからこそ、季節の素材を取り込める豊かさも嬉しい。それに、旬の食材を真面目に探すと、とてもきれいです。断面の美しさは、ときに息を呑むほどです。よき食材には、真面目な生産者さんたちの仕事がつまっています。

人生にはいろいろなことがありますが、台所から、そんな食材たちや季節感で元気を支えられますように。

お米を炊く前に

ごはんを炊くときに、一番大事なことは、何も考えずに、静かな心で洗うことです。これで、ごはんの炊き上がりの味が変わるから、本当に料理は不思議です。洗う、という行為は、和食の原点・エッセンスだと、お米たちが教えてくれました。

和食とは何か、と聞かれたら、私は「水の料理」と答えます。「切る料理」「旬の料理」でもあると思いますが、それも含めて、やはり「水」ですね。炊く、煮る、茹でる、煮しめにする。そして、切る、洗う。日本の料理は、水が大きな役割をしめます。西洋料理は、油・ソースに優れた文化ですが、水は振動・ヒビキをよく伝えます。

ですからお米を洗う前に、まず、自分の心を鎮めましょう。10秒でもいいのです。両手を合わせて、目を閉じ、何も考えていない状態にしていきます。

普段、私たちの頭の中は、騒音でいっぱいです。何時までにこれとこれをして、明日は学校に電話して、今日クライアントがこう言ったから、夫が姑が、ニュースが、政治家が……。そんなごちゃごちゃとした今に関係ない音を、一つひとつ、消していきましょう。頭が静かになると、心があたたかになります。

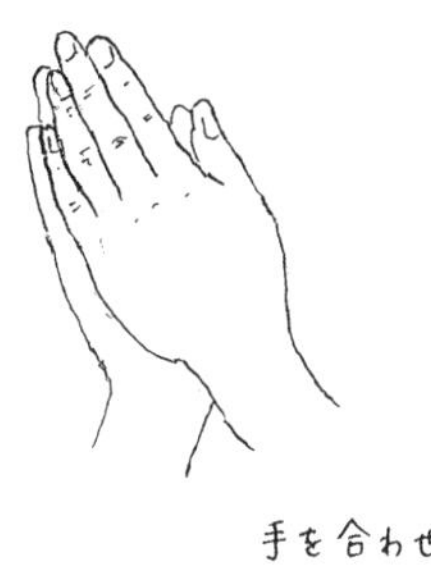

自分の中の、小さな星の瞬き、囁きのような何かが聞こえてきます。

同時に、目の前の素材たちが、急にモノではなく、生き物に見えてくるでしょう。賑やかに自己主張していることに気がつくでしょう。自分の頭が騒々しいと聞こえない、無視していたものが、見えてきます。

お米を洗う前には、お米の選別を行います。小石が入っていたら取り除く。籾殻があったら剝き、あまりに傷んでいるお米があったら、よける。青い玄米は、若いだけですから、そのままで大丈夫です。そうやって、触れているうちに、だんだん、お米の乾き加減がわかるようになってきます。そこから水加減、火加減の見当がつきます。慣れると感覚で、正確にぴたっと適量がわかるようになります。

お米を洗う

水は「ヒビキ・音・振動」をよく反映します。そして、水面は鏡のように私たちを映し出し、そのヒビキを伝えます。そのため、「お米を洗う」ことは、大切な作業の一つです。「洗い方」で、同じ農家さんのお米なのに、同じ分量の同じところの水なのに、大きく味わいが変わる不思議があります。

洗う前には、必ず手を合わせて自分の心を鎮めます。それからお米を入れたボウルに水を注ぎます。そのとき、ボウルの縁から、少しずつ注いでください。じゃーっといきなりお米に水をかけることはしません。

玄米は、眠っているだけで生きています。数百粒、数千粒に増える繁殖力を持ったまま。自分が彼らだったら、どんな起こされ方がいいですか。静かに、ボウルの縁から、できるだけきれいな水を注いで、目を覚まさせてあげましょう。彼らに、発芽の準備をしてもらわないといけません。

お米は、出会い頭の水を一番よく吸うので、水はきれいなほうがいいです。一番の調味料は水です。都心部は、貯水ダムに頼ることが多くなりましたが、本来の水は、降った雨が、地下へと浸透し、100年後、200年後、地下水となり、井戸水が水道の水源となります。湧き水は、江戸時代や明治初期の雨。あの頃の音と時代を、人びとが懸命に生きる日々を伝わってきた水たち。水は宝物。神聖なものです。大事にしましょう。

水を入れたら、静かに、お米と水が馴染むように、五本指でゆっくりと回します。この回し方で味が変わるので、丁寧に行いましょう。

慣れてくると、お米の一粒一粒を優しく、指のハラで、タンタンタンタン……と触れてやれるようになります。このほうが、お米たちはよく水を吸います。何度か水を替えて、しっかり水とお米と出会わせて、目を覚ましてもらいましょう。

玄米ごはん

健康食として有名なのに、「うーん、夫がどうしても嫌がる」とハードルが高く感じている方はいませんか。あるいは、トライしてみたけど、そんなに変わらなかった、おいしくなかった、などを経験したことがあるかもしれません。実際、外食の玄米ごはんは、おいしくないことが多くて、残念です。炊く方が玄米をお好きでないのかもしれません。

けれど、上手に炊くと、感動的においしく、好きになる男性もとても多いのです。

玄米ごはんは簡単ではないのに、すすめたくなるのは、玄米の有無がもたらす違いが本当に大きいからです。取り入れると、身体の歪みがなくなり、背筋が伸びる、呼吸が深くなる、便通がよくなる、嗜好品の好みがよいほうに変わる、肌がきれいになる、などたくさんの「その人本来」が出てきます。やっぱり玄米は、身体が求めている食べ物なのだと思います。

けれど、3食玄米にしなくても大丈夫です。日に一度食べれば充分。身体に関していえば、玄米のお粥の上澄みを数口飲むだけでも調子がよくなり始めます。玄米のお粥、しみじみおいしいです。

炊き方のコツはいくつかあります。

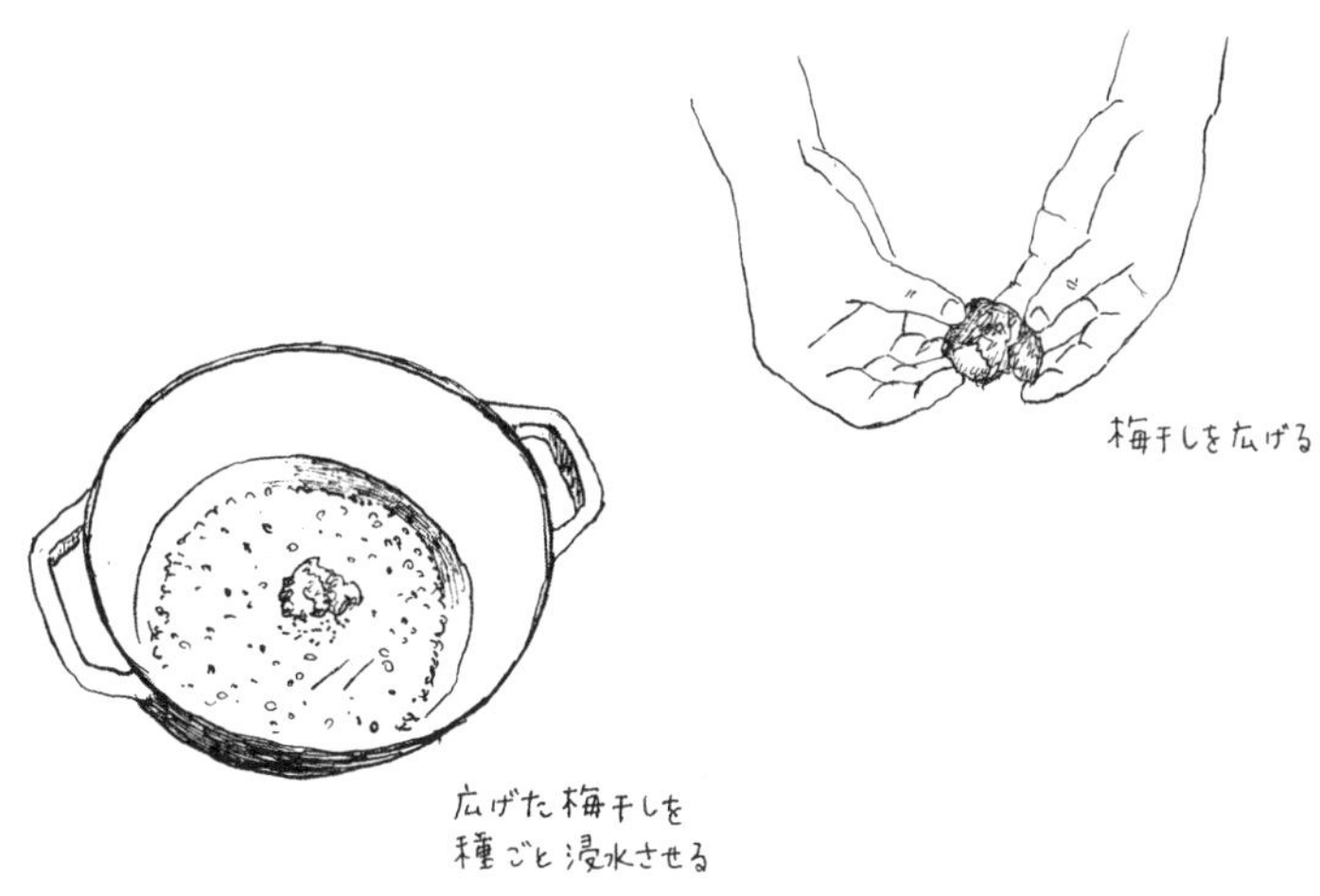

まず、長く浸水させて、発芽の準備をしてもらいます。特に近年は表皮が硬く、吸いにくくなっているため、長く浸して、炊く前に水を替えます。充分に吸うと、玄米が白くなりますが、最近は2晩浸さないと、そこまで吸水しません。また、浸水時は密閉しないように。お米たちがよく呼吸できるように、埃が入らないように、盆ざるや巻きすなどの隙間のある蓋をしておきましょう。

次に少量の塩や塩麹を加えて炊きますが、一度沸騰しそうになったら火を止めます。春夏は塩麹の代わりに梅干しを入れることをおすすめしています。特に妊婦さんは、そのほうが食べやすくなるでしょう。もちろん、好きな方は冬も入れてかまいません。私は秋は、塩麹と梅干しの両方を入れて炊くのが好きです。梅干しは種が見えるくらいまで、指で広げます。種は取らずに一緒にそのまま炊くほうがおいしいですが、梅醤番茶（うめしょうばんちゃ）づくりなど種を使いたいときは、実だけにします。

炊き上がりは、蒸らしたあと「天地返し」をします。しゃもじで十文字に切って、底から返します。お米の粒を潰さないように、しゃもじを入れて、全体を均等にほぐします。

お仏壇にお供えしたい場合は、上下を混ぜる前に、上のほうの一番軽いところだけをすくって、1回だけ盛ります。一方、生きている人間には上下を混ぜたものを、と考えられています。必ず、2度、できれば3度しゃもじを使ってよそうのが日本の文化です。

そして、よく噛んで食べること。表皮が充分に噛み砕かれることが大事です。

玄米は、洗い方と品種選び、乾かし方が大変重要です。例えば、「アトピーが玄米で治ると聞いてやってみたけど、効果がなかった」という方は、品種と乾かし方、炊き方を変えてみてください。

体調の変化には、火で炊くことも重要です。電気より「炎」が増えると「台所」らしくなります。火の神様にお越しいただけているようで、私は嬉しくなります。

十文字に切って
天地を返す

玄米ごはんの炊き方｜土鍋

玄米は生き物なので、種類、水の柔らかさ、季節や時間、炊く人の手、鍋、火の熱源で、適切な炊き方は変化します。ここでは、失敗の少ない方法をご紹介しますが、よくお米を見つめて、調整してください。

材料

・天日干し玄米（ササニシキ・ホウネンワセなどあっさりした品種）――3合
・きれいな水――600～700cc
・塩麹――小さじ1　または 無添加梅干し――1/2個

つくり方

①玄米は静かに洗って、かぶるくらいの水に2晩、常温で浸水させる（密閉しない）。
②①を静かにざるにあげて、水けをよくきる。
③土鍋に②と分量の水を静かに入れて、塩麹または梅干しを加えて中火にかける。
④沸騰したら、強火で30秒ほどしっかり対流させる。ガスや電気の熱の場合しゃもじで一度かき混ぜ、さらにぶくぶく数秒沸騰させる。
⑤重い蓋をして火を弱め、25～45分、弱火で充分に柔らかくなるまで炊く。
⑥火からおろして、濡れ布巾の上に置いて10分ほど蒸らす。
⑦天地返しして、丁寧によそう。

分づき米の炊き方｜土鍋

材料

・分づき米 —— 2合（360cc）
・きれいな水 —— 470cc前後
・塩麴 —— 小さじ1/2　※夏は梅干し 小1個

つくり方

①分づき米を研ぐ。水を静かに注いで、底から手を回し入れながら、ぐっとつかんで離すを濁りが少なくなるまで（完全に透明でなくてよい）繰り返す。
またたびの研ぎざるがあるなら、ざるにこすりつけるように研ぐとさらにおいしくなる。
②ざるにあげて、水けをしっかりきる。10分以上。
③土鍋に分づき米を入れ、分量の水を加えて、20〜60分程度浸水する。
④塩麴（夏は梅干し）を加えて、中火にかける。
⑤沸騰してきたら火を強めて、しゃもじで一度かき混ぜる。
⑥1〜2分強く沸騰させ、弱火〜とろ火にして7〜10分。
⑦火からおろし、濡れ布巾の上に置いて5〜10分蒸らす。
⑧天地返しして、お米の粒を潰さないようにふっくらとよそう。
＊水の量は、水の柔らかさ、お米の新しさや種類、鍋、季節によって適宜調整してください。

おむすび

上手につくれるようになると、愉しくて、助かるのがおむすびです。ごはんにもお弁当にもなるうえに、おやつにもなります。

例えば冷やごはんがそのまま残っていても、子どもたちが食べることはあまりありません。けれど、おむすびにして並べてあると、ひょいっと手が伸びて、パクパクパク。ごはんは白米じゃなきゃ！　というおうちも、おやつに玄米ミニおむすびというのは、いかがですか。玄米でなくても、おやつにおむすびがあるっていいものです。空腹のまま、甘いお菓子やスナックに向いてしまうと、かなりの量を食べてしまうので、まずおむすびで、空腹を満たせば、甘いおやつは少量に。それに、お母さんの「手」を食べ続けることは、子どもたちに伝わるものがあると思います。

おいしいおむすびの秘訣は、なんといっても握り加減。崩れにくくて、でも、かじると、ほろっとかたまりが、ごはんの粒が、ほぐれて唇にあたる。その加減がおいしさで、パンにはない魅力です。舌ではなく、唇の味わいは大事です。

おむすびは、かつては「御産霊」とも表されていました。とても厳かで神聖な美しい表記です。戦後、この表現は失われましたが、ただ、ごはんをまとめたものではなく一つひとつ「御産霊」なのです。

お米は一粒一粒が、実は何百粒何千粒にも増えるものすごい力を持っています。それを一握り、万物の母である海の塩と、梅干し（太陽のようです）と、そして、とっても複雑な生き物である人間の両手の指を使って、上下左右、回転させながらふっくらと結ぶ。

人の手は手仕事をすればするほど、その掌に乳酸菌がいっぱいの「いい手」になります。そんな手で結ばれたおむすびは、甘く消化がよく、傷みにくい。家族とお友達と、素敵な「むすび・つき」をつくれると思うのです。

さて、その肝心の結び方ですが、崩れにくく、でも固すぎないおいしいおむすびにするには、力で握りしめないことが大切。決して、押し潰さないこと。

まず、身体の左右、前後のバランス、自分の体軸の前で結びましょう。かかと重心で立たないことも、とても大事です。

そして、原則として左手を下にし、下の手で、しめてください。上にした手でしめると、ぎゅうぎゅうと固くて食べにくいです。下の手でしめることで、崩れにくく、でもかじる

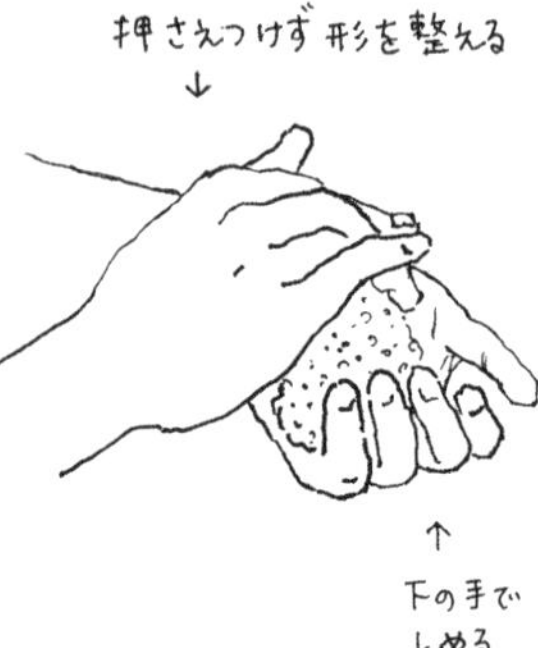

とほろっと取れてくれるおむすびになります。

上の右手は、形を整えるために使います。右手の親指と人差し指、補助的に中指をかぶせるように。下の左手は、薬指と小指でしめ、中指は補助に。上の親指と人差し指を中心に調えると、とってもおいしく結べますよ。リズミカルに、回転させながら、ときどき方向を替えながら、結んでください。

「おむすび」が愉しいのは、具です。

醤油をつけた海苔と梅干しは、密かに「祝詞(のりと)梅干し」と私は呼んでいて、これぞごはんの王道感。

他に、私の好物は、ゆかりをたっぷり加えて、結んで、最後においしい自然の青のりをこれまたたっぷり外側にまぶしたもの。本当に「苔産(こけむ)した」ような見た目も美しいです。

新鮮な鰹節と醤油と小ねぎ刻みを混ぜて結んだおむすびは、息子や主人の大好物。ねぎがないときは、生姜汁や煮付けた刻み生姜を混ぜることも。

白ごまとゆかりや、たたき梅もおすすめ。切りごまにして、たっぷり入れるのが私流。ときどき大葉でくるむと、絶品です。

寒暖差で玄米おむすびが食べづらいときは、塩茹でしたくるみを刻んで、熱々の玄米にたっぷりと混ぜ、醤油を回しかけると食べやすくおいしいです。茹でて刻んだ大根菜とごまと塩。これも王道といいたくなる組み合わせ。他にも、そのとき台所にあるもので、ぱぱっと結んで何種類か並べると、飽きません。おまけに栄養価も高くなるので、自然と満足度も高まります。

お味噌汁

日本人なら誰もが知っているお味噌汁。でも、実は、「御御御付け」と呼びます。「御」を三つも付けるくらい、実はすごい料理なのです。名に負けず、たった一杯で、私たちの身体を調えてくれるスープ。

一日一杯、これさえあれば、胃腸と血液の状態がよくなり、元気のベースができます。それでいて、野菜、海藻、大豆製品、動物性食材、穀物類とほぼすべての食材、つまり「今おうちにあるものでなんでもいいわよ」という懐の深さが頼もしいです。

外食が続いたり、刺激物をとりすぎたりした日でも、夜にお味噌汁を飲むだけで、ずいぶんよく眠れて、翌朝の体調がラクです。

授乳中もおすすめです。授乳中に、甘いお菓子やカフェインをとりすぎると、そのお乳を飲んだ子どもは眠りが浅かったり、夜泣きしたりしがちです。けれど、お味噌汁をちゃんとつくってお母さんが飲めば、子どもがずいぶん健やかに眠り、快便です。乳房が腫れて痛むことも減り、授乳中、気分転換が少ないお母さんの助けになります。

よいこと尽くしのお味噌汁ですが、苦手な人もいます。汗がかけない体質で、体温調整が苦手な人。大豆とその油脂の消化が苦手な人。でも、だしの組み合わせや具の切り方、つくりかたの工夫で食べやすく好きになる人や、豆味噌なら飲める人もいます。

多くの男性が好きなのは、おろし生姜やねぎなど、辛さ（酵素）のきいた薬味をしっかり加えたもの。濃くつくったお味噌汁に辛い大根おろしや刻みねぎを浮かべ、最後に新鮮な鰹節をぱらっとのせると、喜ばれます。

女性と子どもに人気なのは、塩抜きした塩蔵わかめをたっぷり入れた、わかめだけのだしのお味噌汁。伝統の手もみわかめがあると、最高においしいです。また、いりこや鰹節には、豆腐か干し椎茸を組み合わせると、ナトリウムのとりすぎを防げます。

暑い季節は、トマトや酸味のある素材をお味噌汁に入れるとおいしいです。私はピーマンやゴーヤとか、苦いお味噌汁も好きで、そこに生姜を辛すぎるくらい入れたくなります。これは意外と女性に好評です。

それから、この数年の冬は、豆味噌（八丁味噌）か醬油が加わらないと、なんだかお味噌汁が飲みづらいなと感じます。

お味噌汁をおいしくつくるための意外なコツは、鍋に蓋をしないで煮ること。野菜の独特の青っぽいにおいや水っぽさが残らず、とてもおいしくできます。

もう一つのおすすめは、味噌を入れる前に、すること。一度火を止め、小さなすり鉢で味噌をすります。さらにそこへ、具材の入った鍋の湯をお玉1杯分程度すくって、するのです。このひと手間で、香りも立って、味わいもまろやかになります。

一番肝要なのは、味噌を入れてから、もう一度加熱して、とろ火で1〜3分煮ることです。煮立たせると香りがとんでしまうので、あくまでとろ火で。これで、大豆製品である味噌が一層消化しやすくなります。

サプリメントより、具が季節の薬味や鰹節といったお味噌汁習慣のほうが、身体にいいです。

慣れてきたら、お味噌汁はなんの素材でも合うので、季節感を愉しんでください。夏はとうもろこしや大葉、秋はきのこと秋鮭、冬野菜はなんでも。春はとれたてのわかめに、豆腐やルッコラ。平飼い卵を入れてもおいしいです。ぜひ、これまでの先入観をとっぱらって、あなたの「御御御付けという名のスープ」をつくってみてください。

ごま塩

多くの家庭に、身近になってほしいメニューが、手づくりのごま塩です。理由は、とびきりおいしいから。そして、栄養価が高く、胃腸を整えてくれます。でも、ごま塩にしかないのは、「ごまをする」プロセスと音です。また、ごまは現在、収穫が難しいため、国産はほとんどなくなりつつあります。江戸時代には熱心に奨励されたようです。「ごまをする（機嫌をとる）」、という表現やまた、仏教の行にも「護摩」と同じ響きがあります。このように、ごまは特別な存在だったようです。そんな大事な「ごま」と、「塩」を合わせたごま塩は、少量でかなりの栄養を取れる、かつ他の食材からの栄養効率も高める優れた食べ物です。

ごまと塩は、陰陽説の「陰陽調和」を意味します。これは、中国から伝わった思想で、万物は陰と陽という対立する性質を持った気が関係し合うことによって成り立っている、というものです。大切なのは、単にごまと塩が混ざっているのではなく、ごまの微粉末が、塩の微粉末の一つひとつを包んでいること。

胃がよく働くためには、適切な「塩」がいります。ただ塩をなめただけだと、口の中でほとんど吸収されてしまいますが、包まれたごま塩なら、塩が胃まで届きます。さらに、腸まで届き有用菌を助けるという説もあります。

ポイントは、炒り方とすり方に、塩とごまで対比をつくることです。それでは、ごま塩のつくり方をご紹介します。

材料

・ごま　大さじ4〜5
・自然海塩　小さじ1

つくり方

①鍋が冷たい状態から塩を炒る。
②塩が熱いうちに、すぐにすり鉢でする。
③鍋が熱々の状態から、強火でごまを炒る。
その後、弱火にして、中までじっくり火を入れる。
④②のすり鉢に、③を加えて、ふわっと力を入れないでする。

するときは、塩は力を込めて、ごまは力を入れないように。この「する」がちゃんとできると、すり鉢は全然動かず、安定します。

この炒る・する、の二つで対比・正反対の違い＝調和を起こすことが「ごま塩」の要です。上手につくると、ふわふわとしたごま塩になり、時間が経っても傷みません。

ごま塩ができるときは、する音がとてもきれいです。海の満ち引きのようで心が落ち着き、身体の軸が整うような音です。そんな音を聴けるのは台所ならでは。音は空間を満たします。台所のする音が満ちた空間に、子どもも大人も自由な感覚でいられると幸せです。

する

現代の台所で、すっかりなくなってしまった「する」という作業。すり鉢・すりこぎがないご家庭も増えました。でもこの「する」という動きは、健康を保つのに大変重要な働きがある、と私は確信しています。

まず「する」は、身体の中心線をつくってくれます。このため、体軸が整い、身体の歪みが減っていきます。食事改善と合わせれば、ほぼなくなります。歪みは万病の元ですから、これでかなり健康増進に。

さらに、「ごまをする」作業には、肩こり、排卵、生理、子宮疾患の予防、鼻水や咳、偏頭痛、耳鳴りなどの予防改善も期待できます。

では、どう「する」を行えばよいのか。

代表的な「ごま塩をする」で説明します。ごま塩づくりの場合は、すり方に、対比をつくるのがポイントです。その対比の動きが、骨盤の「開閉」、呼吸の「吸うと吐く」、身体の左右前後と対比のバランスを整えてくれます。

まず姿勢。まっすぐ力まずに立ちたいので、できれば、最初に屈伸運動と3秒つま先立ちをしてください。そのことで、かかと重心で立つのをやめられます。

それから肩幅に足を開き、身体の真ん中に大きなすり鉢を置き、長いすりこぎが身体の

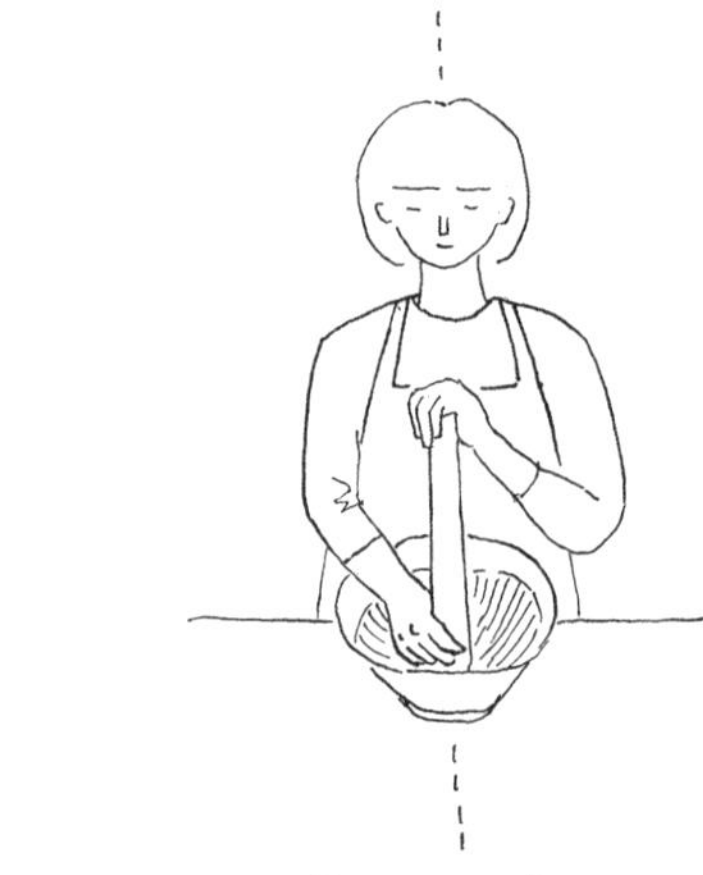

真ん中にくるように、前に置きます。すりこぎは、重い山椒を使うといいです。軽いすりこぎでは力みを誘います。

長いすりこぎの真上に、左手の掌をのせます。右手ですりこぎのごく下のほうを持ちます。そのときに必ず、右手は小指と薬指を逃がし、親指・人差し指・中指の3本で持ちます。これで、脇が甘くなり、軽くなって右手がよく回るようになります。

これが、ごまをするときの動きです。「力を抜く」のが現代人には難しく、身につくまで練習がいります。コツは、音で判断すること。ごまが押しつぶされる嫌な音ではなくて、パウダー状に砕けていく滑らかな音が正解です。できる頃には、背中がまっすぐになっていたり、身体もラクになるはずです。

塩をする

「塩をする」、これは、後に行う「ごまをする」と逆の動きをします。「塩をする」では、身体の上から下に、エネルギー、そして重心を下げていくイメージで行います。

左手は決して動かしません。コンパスの中心のイメージで。扇の要なのでぐらぐらさせないで。中心をぐらぐらさせると、円が描けないので、気をつけます。

一方、右手は円を描く役。左手をコンパスの軸にして、ぐるっと回しましょう。外から内へ、螺旋を描くように、だんだん大きな円から小さな円へ。反時計回りで塩をしっかりとパウダー状にしていきます。力まず、身体を沈めていくようなイメージです。目線は凝視せず、頭はまっすぐ、身体の中心線の上に。螺旋を描くとき、外から内へ向かうときは、息を深く長く吐きながら行いましょう。

そして、すりこぎの下が、真ん中にやってきたら螺旋が内から外へ広がるタイミングで呼吸を切り替えます。でも、急がず、すりこぎはまっすぐにしたまま。息を吐ききって、身体全体を沈めるイメージで。そして、少し力を抜いて、回すときは、息を軽く吸い上げる感じで、螺旋を描き、円を広げていきましょう。これを繰り返します。

ごまをする

塩をパウダー状にしたら、次は、「ごまをする」です。塩と対比を起こすのがポイント。塩は、閉じると収縮、沈むの動きです。ごまは、開くと弛緩、浮く、の動きを表現します。

時計回りを中心にします。手は、左手と右手、塩と同じでもいいですが、逆にしたほうが回しやすい人も多いです。その場合、右の手を上に、左手を下に。

この動作は、塩をするときの「身体の重心がどんどん沈むイメージ」だったのと反対に、「身体を軽くするイメージ」です。軽く時計回りで行います。ごまを転がすように、ほろほろと崩れていくように、すります。

呼吸は、吐くだけでなく、吸うも回しながら行います。鼻で息を吸うというより、胸が開いて満ちていくイメージで行うといいでしょう。気球を膨らますように、自分の肺を膨らますような感覚です。

内から外へ、外から内へ、大きく螺旋を描くように、広げ、また、小さく縮め、また、大きく広げ、を繰り返します。

寄せては返す波のようなイメージで。ごまは力を入れてすり潰すとべとっとしてしまいます。絶対に力を入れないで。すると、台所には静かな波の満ち引きのような音が響きます。

ぬか床①

発酵食品の中でも、我が家の健康と思い出の土台はぬか漬け・ぬか床です。末の娘は、おいしい人参のぬか漬けが大好物。おやつにすることもあるくらいです。ぬか漬けをしっかり食べた日は、健やかで、体調、特にお腹の調子と機嫌がよいことを、しみじみ実感します。腸は、科学的にも第二の脳 (second brain) と呼ばれているくらいで、気持ちの変動や安定と直結しているように思います。

実は、我が家は、ぬか床そのものが好きです。旨みの固まりと酸味が相まって本当においしい。アミノ酸の固まりでもあり、ときには粉チーズのような味がします。家族は、ほんの少し食べるだけで快調を保てることを、体験で強く実感しており、頻繁に食べたがります。特に、「風邪ひきそうだな」というときは、積極的に食べて、梅醤番茶を飲んで早めに寝る、で、だいたい、予防できています。

私は分づき米や白米のごはんを食べるときは、ぬか床をのせるのが好きです。この複雑な旨みと炭水化物の組み合わせは最強です。数㎜四方に何億もの乳酸菌がいるといわれているぬか床。中年になっても、「白いごはんをしっかり食べたいな」というときがあります。

すが、ぬか床をのせて食べれば、おいしいだけでなく、しっかり食べても体重がほとんど増えなくて嬉しいです。

乳酸菌は消化を助け、胃腸の状態を整えるだけでなく、歯や骨も丈夫にすると言われています。実際、食卓にぬか漬けが続いているときは、子どもたちの歯が元気で、白いです。

我が家のぬか床の材料は、塩と糠（ぬか）だけ。ときどき、唐辛子を入れるくらい。かつては、いりこや手づくり陳皮（柑橘類の皮を干したもの）、山椒などいろいろなものを入れていたのですが、だんだん、複雑さがかえって、味を損ねている気がしだしました。今は、シンプルな材料が生み出す乳酸菌の旨みそのものの奥深さに惹かれています。

こんなに簡単な材料なのに、甘く華やかな香り。乳酸菌が分解をすすめると、アミノ酸も発生しておいしく、栄養価も高まります。つくづく昔の人の知恵はすごいと感じます。

ぬか床の面白さは、かき混ぜる人の手によって味が変わること。手仕事をすればするほど、乳酸菌が増えて、いい手になります。食材にかぶれにくい手にもなり、乳酸菌がいっぱいの手でつくるおむすびは、消化がよいです。私自身、パソコン作業が続いて、料理の仕事や家事時間を減らした時期は、手が変わったような気がします。

手にぬか床がついた場合は、洗顔にも使ってしまいます。肌がすべすべになりますよ。他にも豚肉にぬか床をまぶすと、消化を助け、ほのかな甘みが加わり食べやすくなるなど、ぬか床はいろいろな場面で使えます。

ぬか床②

ぬか床、始めてみるものの、すぐダメにしてしまう。そんな風に失望感や不安がありませんか。でも、私は、ぬか床は失敗して当たり前。何度もダメにして、何度もつくる、それでいいと思います。季節ものみたいに、毎年うまくいく時期と、ダメにするときがあってもいい。私自身は、10回以上ダメにしています。引っ越し、暑い夏、仕事が立て込んだとき、もう数えきれません。その度に、しばらくがっかりして、ふて寝していました。ひと月は、やる気がなくなります。

でもやっぱり、憧れが芽生えてくるのです。そうやって何度も繰り返していると、5年、10年でだいたいうまくいくようになります。子どもの頃から手仕事が身についている明治の女性のように考えるのはやめましょう。それでも、あの女性たちのDNAは私たちに受け継がれているのですから、誰もがいつかはできるようになるはずです。

そのうち、ぬか床のお手入れが愉しくなってくると、一日1~2回かき混ぜるのが喜びになってきます。けれど、再び気が乗らなくなる時期も、長い歳月の間にはどうしてもあるものです。そんな食事も生活リズムも乱れがちなときは、冷蔵庫の力を借りましょう。

冬と、あまりに猛暑が酷いときには、私は冷蔵庫で冬眠（または夏の午寝）してもらっています。塩をふって、眠らせます。白い膜（産膜酵母）ができたら、その膜は取り除いてもいいし、薄ければ混ぜ込んでも大丈夫。ただし、黒カビはさすがにダメです。乳酸菌が活発で、塩がきいていれば、雑菌に負けて黒カビが発生することはありません。

主な失敗の原因

①塩足し不足

ぬか床に野菜を漬けると、水分がたくさん出ます。当然、ぬか床の塩分の割合は下がる。だから、野菜を入れるときに塩は足さないといけません。出てくる水分は、ぬか床に指で穴を開けて、ためて取り除きます。ぬか床をちょっと食べてみると、「このくらいの塩梅だな」というのがわかってきます。

②体温が低い

意外な視点ですが、体温が低いと、なぜか、ぬか床や発酵食品づくり、保存食づくりは失敗しやすいです。低体温なことで、まめに手入れするのが億劫になるか、手先に血液が巡らず冷えていると、乳酸菌が掌に育ちにくいのかもしれません。たわしこすりやお味噌汁で、体温を上げていきましょう。

③殺菌グセ

除菌スプレーや除菌剤が全盛の時代ですが、私の知る限りでは、殺菌癖がある方は、どうしても、ぬか床を失敗しやすいようです。もしかしたら、除菌に頼って、掌の乳酸菌まで滅してしまっているのかもしれません。

切り方・火入れ・調味に変化を

毎日の料理、本当はレシピはいりません。あるもので、ぱぱっとつくるほうが、早くて実際的です。でも、ワンパターンになってしまう、という方は、切り方・火入れ・調味の3種類を一つずつ変えてみてください。また、とても好きな料理をおいしくしっかり10種類くらいつくれるようになれば、だいたいなんとかなります。

【切り方】

ワンパターンの料理で悩む方は、切り方がワンパターンです。切り方を変えると食感と味染み、見た目が変わるから、同じメニューが全然違うメニューになります。

例えば炒め物。短冊切りばかりの方は、輪切りや千切りにしてみましょう。乱切りも、角度を変えると全然違った食感と食べ応えになります。

食材をじっと見て、どう切るとおいしそうか閃くと、愉しくなりますよ。

きんぴらは、斜めスライス、千切り、乱切り、輪切りでは別物になります。大根のお味噌汁は、我が家はいちょう切り派と、繊維に沿って短冊切り派に分かれていて、交互につくっています。玉ねぎのお味噌汁は、冬は半分に割って長くじっくりと煮て、夏はみじん切りにするととてもおいしい。繊維に沿って切るか、断つ向きに切るかでも、別の食感と味わいに。味噌の染み方も違います。

とうもろこしやかぼちゃはすりおろしてから煮ると、スパイスのような風味が漂い、とろみがついてポタージュ状になります。

きゅうりのプレスサラダ（浅漬け）に生姜、ごま油と炒りごまをかけたサラダが我が家の夏の風物詩です。このきゅうりは、輪切り、千切り、じゃばら切り、すりこぎで砕いてざっと焼いてからなど、同じ料理でも切り方を工夫してつくっています。

【火入れ】

もし一週間、玉ねぎとかぼちゃしかないとしたら。炒める、焼く、蒸す、炒めてから煮込む、煮しめにする、揚げる、茹でて和える、と違う加熱方法にすれば、別の料理になります。さらに切り方を組み合わせると、かなりのバリエーションができます。

私はこういう「材料縛り」をときどきわざと自分に課します。そこには、必ず発見があるから面白いのです。食材も無駄になりません。そのため、乾物のストックは欠かせません。ごまや青のり、芽ひじき、高野豆腐、スパイス類など。ちょっとの組み合わせで、違った風味が出ます。冷凍の油揚げと冷凍しらす干しもストック。冷凍のとうもろこし粒は、小さな子の甘味料として助かります。

冬は炒めてから煮る、揚げてから煮るのも人気があります。揚げ物をやらない方も多いと思いますが、家で新鮮な油で揚げるととてもおいしく、胃もたれもしないので、おすすめです。あまりひっくり返さない、温度を一定に保つ、引き上げるときに、油の縁または鍋縁に一部をつけたまま7秒待つだけで、ずいぶん油が落ちて、さっくりします。

同じ調理法でも、加熱の時間を長くするか、短くするかで全然違います。野菜炒めは、油を熱してから炒めるか、野菜を入れてから、油をかけて火入れするかで別物に。鍋やフライパン、中華鍋、道具を替えるだけでも違う料理になります。

【調味】

市販の「たれ」「ソース」などを使うと味がワンパターンになってしまいます。基本の調味料を揃えて、組み合わせや変化を愉しんだほうがおいしく、添加物もとらずにすみます。

まずは油。ごま油かオリーブオイルかで、炒め物がいつもと違う味に。

醤油は、濃口と薄口の2種類を使う、あるいは醤油＋塩で調味する。他には、醤油＋酸味。酸味は、バルサミコ酢、梅酢、梅干し、米酢、マスタード、レモン汁、トマトのみじん切りなどで。醤油＋辛みは、生姜汁、玉ねぎ刻み、ねぎ刻み、おろしにんにく、白こしょう、黒こしょうなどそれぞれと組み合わせる。醤油＋甘みは米飴、メープルシロップ、きび砂糖、とうもろこしやレーズンを甘味料代わりにも使います。さらに、ごまや大葉、ルッコラ、三つ葉などの薬味を調味料とすり合わせたり刻んで合わせてもおいしいです。

休み時間

体温を測ってみましょう

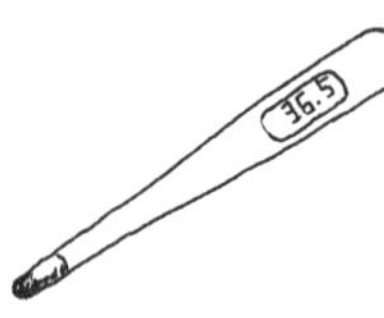

体調が悪い、家事ができない、疲れやすい、仕事が楽しめない、イライラする。そんな方に、ぜひやってもらいたいのは、体温を両脇で測ること。もちろん不調がなくても、正しい食生活が送れているのか、目安として、体温は定期的に測ってみることをおすすめします。

私はこの習慣があったために、菜食にハマることも、やめることもできました。いつも体温を測っていたことで、「今、身体が何を必要としているか」が理解できたのです。

一日の中でも、体温はかなり変動します。食後や運動後は上がりやすく、生理・排卵時も、ホルモンバランスで変動します。時間帯では眠る少し前は上がり、起床直後は低い。

できれば、一日に何度か食後をさけて測ってほしいのですが、特におすすめは、午前11時くらい。両脇とも、女性であれば、36・5度あれば合格、36・6度あれば理想的です。反対に、36・4度以下のときは、疲れやすく、家事や料理が億劫になりやすいでしょう。

私は「Mr.めんどくさい」(と呼んでいます)が気持ちにやってきたら、体温を測ることにしています。自分では、36・2〜4度は黄色信号。36・2分以下になったら、赤信号として本格的に体調の立て直す努力をはじめます。

体温が低いと、気持ちがくよくよしたり、後ろ向きになりやすいです。怪我や肌荒れも治りにくく、冬は本当に動きづらいです。「運動しなきゃ」と思ってできない人はだいたい低体温です。貧血の可能性もあります。低体温だと、血液循環が悪いため、脳が栄養不足と勘違いし、お酒や甘い物など過食衝動も起きやすいです。そしてますます体温が下がります。

つまり「やる気がない」が身体の問題かもしれない、という視点を持つといいです。まずは自分の状態を知りましょう。特に私は、昔は35度丁度ぐらいしかなかったものですから、体温が低い辛さがよくわかります。

もう一つ大事なことは、左右差を0・2度以内にすること。左右差が大きいときは、呼吸器・免疫器官が弱っており、風邪をひきやすくなることが多いです。逆に言うと発熱した直後は左右の差がなくなっています。カバンを片方の肩にかける、生理用ナプキンがズレる、靴の片方の減りが早い人などは、左右差をチェックしてください。玄米ごはんをごく少量でも食べることや台所仕事を通して、左右差はなくなっていきますよ。

身体と台所

3時間目

～疲れない身体の使い方～

台所に立つことで元気になる身体とつながる台所の基本

「食べる」とは、本来、自分の身体におわします神様に食という命をお供えすることだと思います。それはとても厳かで、ありがたくて、だけど愉快な幸福です。

台所は、食材という命の、この世での最後の姿を見届ける、神聖な場でもあります。食べられた素材たちが、慶(よろこ)んで私たちの身体になってくれるよう、下手でもいいから、命に心から向き合いましょう。ここでは、そんな実際の動作である切り方や包丁の持ち方などをお伝えします。私の「台所の学校」の要です。

これらの作業は、食材たちのためだけでなく、料理する人の身体をも整える作業です。料理自体が、自分自身で整体するかのように整え、疲れを取り、元気にする作業なのです。台所はおいしいと健康を創出する場。料理を通じて、身体と手の素敵な力に出会ってください。

まな板のお手入れ

「切る」にはまず道具が必要です。包丁、まな板。それと、まな板を拭く布巾やさらし、手入れには、砥石も必要です。

まな板は、木の厚みがあるものがおすすめです。跳ね返りがよく、切っていて疲れません。上手に切れていると、まな板にほとんど傷が残りませんし、当たる音もあまり立たなくなります。

使う前には、必ず水で湿らせて清め、木を膨らませること。違う野菜を切る度、まな板と包丁は濡れ布巾やさらしで拭くか、さっと水で洗います。これは、香りや気配を残して混じり合わないようにするためです。次の食材のため「檜舞台」を用意しましょう。

私たちにはありふれた風景でも、食べられる彼らにとっては、この世での最後の姿を残す場。どうか、きちんとまな板と包丁を拭いて、最後の姿を見届けて、切り分けてやってください。その思いと作法を、私たちは食べて血肉にするのです。

きちんと料理することは、食べられる動植物への礼儀、授けてくださった天地やご縁へのお礼です。同時に、食べる自分や家族の身体をくださった天地への礼儀でもあります。

結局それは、食べる人が気持ちよくなりま

す。雑に作業すると、その雑さを食べるので、くたびれたり、尊重された気持ちよさを得られません。大事にされる循環を台所からつくれたら嬉しいです。

すべて切り終わったらたわしなどでこすり、熱湯をかけ、さっと拭いて立てかけておきます。傷んできたら、材木屋さんに持って行って、表面にかんなをかけてもらいましょう。また白い面が出てきて、薄くなるまでかなり使えるのがまな板の素敵なところです。

とはいえ、疲れて雑になってしまう日、途中で家族に呼ばれて置きっぱなし、ああ、黒ずんでしまった……ということ、誰にもあるでしょう。また、家族に料理を手伝ってもらったら、1回で傷だらけ、ということもあると思います。でも、それはそれで、家庭の大事な暮らしを刻んだまな板。

「ちゃんとすること」にこだわりすぎず、とにかく「まな板」を使っていきましょう。買い直してもいいのですから。木のある暮らしって、そういう、「うまくいかない」「なんだかごちゃごちゃ」を含めて日々が刻まれていくことが素敵。まさに、私たちの暮らしの中の「檜舞台」です。

また、お肉やお魚を扱うまな板も別にあったほうが、香りが移らずいいですね。私は1枚を肉用魚用と裏表で使い分けています。においが気になるときは、重曹をふりかけて、たわしでこすって熱湯をかけます。ときどきは自家製オレンジスプレーをしゅっとかければ、香りも気持ちもすっきりです。

揃えておきたい包丁

初めて台所に立つという方は、まず良質の三徳包丁で慣れるといいと思います。私はそこから始めました。1本でいろいろこなせるし、安定した仕事をしてくれるので、初心者の強い味方で、台所への苦手意識をなくしてくれます。

教室ではTOJIROの三徳包丁を揃えています。鋼の質がよく、研ぎやすいのも魅力。柄と刃のバランスもよくできており、人を選ばず持ちやすいです。TOJIROの他には、ヘンケルスも使いやすいですよ。果物など酸が多い食材やお肉を切るとき、こういったステンレス合金の包丁は頼りになります。

台所が好きな場所になって、毎日立つようになったら、野菜用に、菜切包丁を選んでみてください。刃が長方形、四角い形で平行に近く（完全に平行ではありません）、野菜を切るのに適しています。選ぶときは、刃だけでなく、柄の持ちやすさや刃の重さとのバランスも考慮してください。

お魚をおろすには、やはり出刃包丁が1本はいります。お魚をおろすまでしないで、切り身を料理するなら、ステンレスの三徳包丁があれば、お肉やお魚を切ることができるので、まずは用は足ります。

女性は特に、大きさに注意してください。大きければいいというものではありません。持って疲れないことが大事。例えば私は、玄海正国さんの、刃渡り10cmくらいの小出刃（あじ切り）包丁であじ程度のお魚はどんどんおろします。このくらい小さいほうが、手の小さな私と狭い流しには結局使いやすくて、勝手がいいのです。出刃はもっと骨がしっかりした鯛などをおろすときには必須で、海に近い雲仙などに暮らしていれば欠かせません。

私の片腕はomoto・鈴木康人さんの菜切包丁です。包丁カバーとエプロンは奥様の智子さんの手づくり。この包丁は、一目見たときも、持たせていただいたときも、心から惹かれて、大げさですが、「出会い」を感じました。自分の物になってくれる、と直観しました。以来、欠かせないパートナーで、どこに行くにも持って行きます。私の喜びも苦しみも知っている包丁。もちろん、私の間抜けなところやダメなところも、全部飲み込んで同化している包丁。打てば響くという言葉がありますが、身体の一部のような、大切な包丁です。

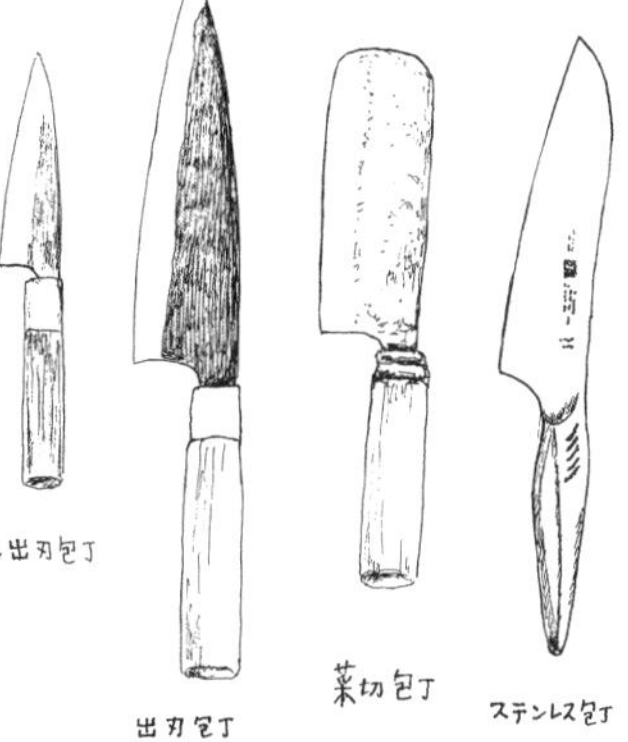

「切る」を通して

人生はいろいろ、大変なこともたくさんあります。だからこそ、「切る」を習得していただきたいのです。

なぜならきちんと「切る」ことは、自分の身体との対話だからです。歩幅や立ち方、力の抜き方、つまり自分の身体の使い方を体得することなのです。

毎日の「切る」を通じて、疲れない、自分に合った身体の使い方を体得してほしいのです。

そして生活のあちこちに役立てて、自分をもっと好きになってもらえたら。

日本料理では「切る」人が、重要な立場ですし、重要であることを「大切」と表現します。また、「切ない」や若い人の「キレッキレ」などという表現もあり、「切る」は日本人にとって特別なのではないでしょうか。

きちんと「切る」ことの効果

①格段においしくなる

料理のえぐみがなくなり、野菜の甘みが引き出されます。表面のつや感、時間が経ってからの色合いもよくなります。

②健康になる

特に粘膜があるパーツ（胃腸、肺、鼻他呼吸器、リンパ免疫系、子宮や生殖器、目、耳、鼻）への影響は大きいです。

③肌がきれいになる

くすみがなくなり、色つやもよくなります。

④よく噛めるようになる

きちんと切れた素材は、口の中で舌がよく捕食しようとします。舌がよく動くと、顎関節が滑らかに動き、噛みやすくなります。よく噛むと、消化がよくなり、乳腺炎予防、疲労予防、視力・聴力などによい影響をもたらします。

⑤全身の疲労が減る

舌がよく動くようになると、全身の筋肉疲労が減り、怪我の予防にも。

⑥味覚が変わる

きちんと切った素材のつや・質感を目と舌が覚えるので、身体に必要かどうかの判断が的確になります。「〇〇は食べて良い悪い」という頭の判断ではなくて、見てわかるようになります。外食や食の幅は自由に、広く、しかし的確になるのでラクで愉しいですよ。

⑦「切る」作業で疲れが取れる

「切る」動き自体が、整体のように自分を整える作業になります。

⑧身体の使い方が上手に

「切る」を通して、身体の使い方が身につくので、ものを持つ、ドアを開けるなど、無数の動作が上手になります。そして、疲れにくくなるのです。

「切り方」って奥が深い、「大切」なこと。ぜひ、日本の知恵を習得してください。

「切る」動きのためには、立ち方がまず重要です。手の動きは、実は足で決まる部分がとても大きい。「切る」は全身を上手に使う作業で、ちゃんと「切る」と全身が整います。

「切る」ときの身体のポイント

①重心はかかとでなく、足の前方に。
②膝と肩の力を抜く
③左足で自分を支える（右利きの場合）
④包丁を持つとき、小指をしめる（脇をしめるため。包丁は「握る」のではなく、「持つ」になるように）
⑤目線は一点を凝視しない

準備運動

まず、①と②ができない方が最初はとても多く、かかとに重心を置いています。それでは疲れやすかったり、不調が出て当たり前。元気になる余地がとても大きいです。台所からどんどん元気に、もっと愉しくなれます。

①と②がきちんとできるように、教室では、包丁を持つ前に次の運動を行ってもらうようになりました。

○つま先立ち
○屈伸

まずは、3秒思いっきりつま先立ちをして

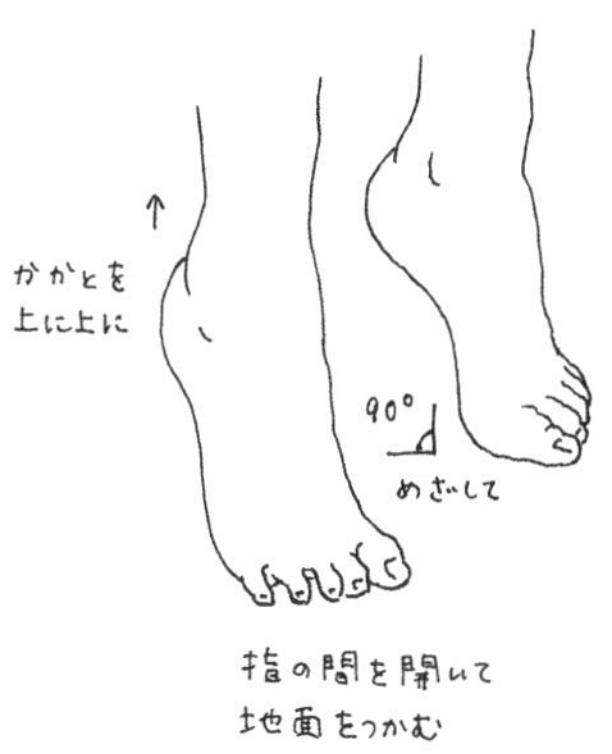

みてください。できれば、足幅は軽く広げて。これだけで、「かかと重心」でなくなり、身体がグラグラしなくなります。1回3秒×3セットを、毎日の習慣にしてみてください。思いっきり、限界までつま先で立つのがコツです。続いて屈伸。この運動は膝の力が抜けるので、肩の力みも自然と抜けます。これも一日2〜3回、最初は包丁を持つ前に行うといいでしょう。

普段からこの二つの動きが生活にあると、「切る」が上手になるだけでなく、日常動作がきれいに疲れにくくなります。

身近なところでは、雑巾がけもしゃがんで膝をつくので、屈伸がとりこまれます。一番よいのは(台所の話で言いにくいですが)、和式トイレ。とても身体が丈夫になる動きです。

包丁を「持つ」

包丁を「持つ」についてご説明します。文字で読むと、きっと難しいと思いますから、実際にまな板と包丁を持ちながらやってみてください。

これは「野菜を切る」ときの持ち方です。

動作の目的は二つ。野菜を潰さずに切る、自分の身体を上手に使う、です。どんな方法でも、二つの目的が達成できればＯＫです。でも、自己流はなかなか編み出せませんから、騙されたと思って、まずこの方法を習得してみてください。

それと、この方法は女性におすすめです。男性は持っている力を使いすぎないように、正面向きで持ったほうがいいことも多いです。

右利きの方の例で説明しますので、左利きの方は、左右を逆にしてください。

準備　まず屈伸とつま先立ち運動

①包丁と呼応する

まず、両手で包丁に触れます。特にまだ使い込んでいない包丁なら、いきなり持つことはしません。人間関係と一緒です。包丁が自分の分身になることが大事。包丁を持って、その刃に何かがあたったとき、自分の手があたったときのように、響きが感じられたら合格です。毎日切り続けていると、そうなります。さて、包丁を持って、包丁が自分の指先となるようなイメージで、呼吸を包丁に入れます。最初はさっぱりわからないと思いますが、

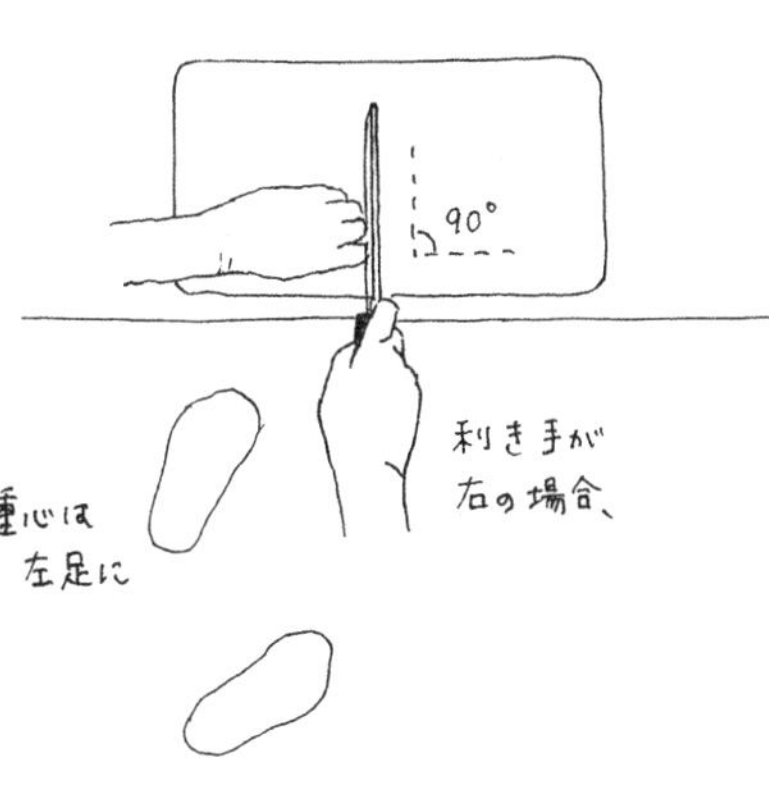

だんだん感覚がつかめてきます。金属、特に和包丁は、そこが優れたところです。

②まな板を濡らす

包丁とまな板は、濡らすか洗って、清めます。まな板は木を膨らませ、包丁は熱を取ります。食材への礼儀でもあります。

③包丁に呼吸を入れる

包丁の峰（包丁の刃の背中部分）を立て、まな板の平面に対して横に包丁を持ちます。そして、峰の上をぴっと横に目で流します。同時に、自身の背骨にも、ぴっと呼吸を通すイメージをしてください。これで、背筋が伸び、胸が開くはずです。

④包丁を直角にする

続いて、まな板の横の線に対し、包丁の向きを直角にします。直角は昔から東洋

では異物が触れるときに「気血を流す」角度で、ツボや鍼で重視されています。

⑤包丁の峰を左手で持つ

左手を刃の根元まで、スライドさせて、逆手で刃をしっかりと捕らえます。そして、右手を離し、手刀のように小指側面が正面から見えるように、耳の近くまで上げます。

⑥「持つ」側の右足を引いて「半身」をつくる

右手をゆっくりと振り下ろしながら、小指から包丁を「持ち」ます。このときに親指と人差し指から「つかむ」「握る」にしないように。同時進行で、右足を引いて「半身」をつくります。包丁を引いたときに、ひじが胴にあたらない角度です。

⑦小指から順に持つ

柄の上方を持ったら、小指、薬指、そして中指の順に、固く結ぶように持ちます。これで脇がしまり、肩の力が抜けるはずです。親指は力を抜き、親指のハラの部分で支えます。人差し指と親指は、持つ

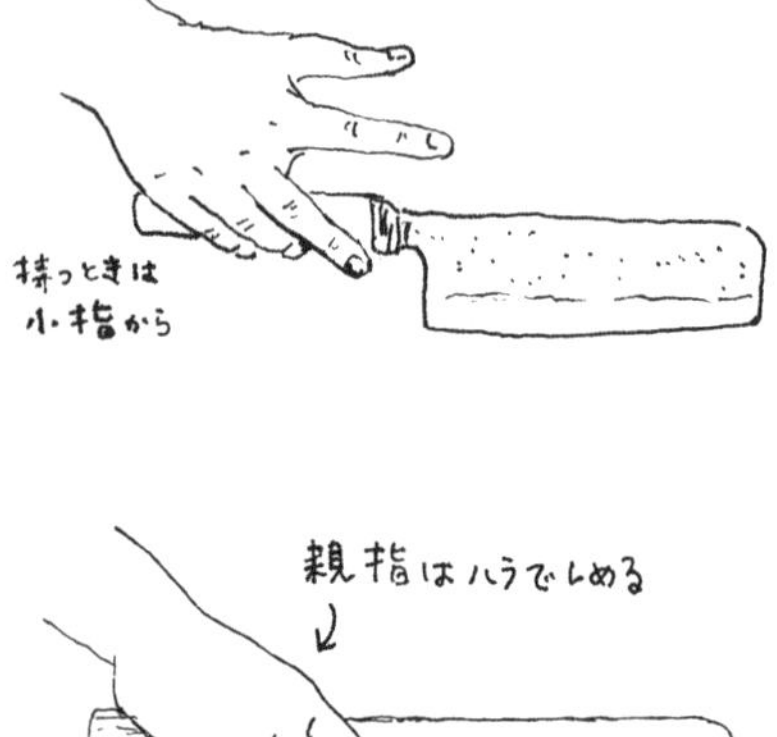

というよりも挟む感覚にします。

⑧左足だけで立つ

足の形をつくりましょう。まず、右足を上げて左足だけで片足立ちします。片足で立てれば、「切る」ができます。ぐらぐらしないように、かかと重心の立ち方ではなく、主に足の前方に体重をのせ、少しかかとは浮くくらい、膝は柔らかく軽く曲げ、腰をしっかり左足にのせます。

利き手
腰で立つ
重心

⑨左手で支え、右足をおろす

左足に続き、左手を横向きにおろして、身体を支えます。それからゆっくりと右足をおろしましょう。こうすれば右足にはほとんど体重はのっていないはずです。すると、右手右腕はすいすい動きます。

⑩一点を凝視しない

切るもの一点を凝視しないで、全体を広く捉えながら切ります。

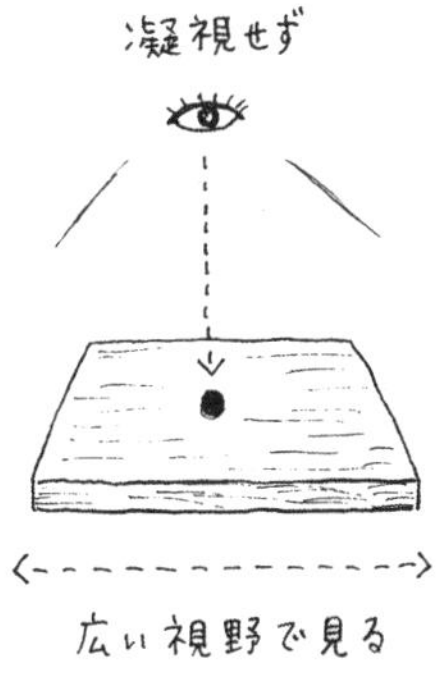

凝視せず
広い視野で見る

「絞る」でラクに

正しく「持つ」ができるようになるために、身近で練習するのにぴったりなのが、布巾や雑巾を「絞る」です。試しに何気なく、手元のハンカチを絞ってみてください。

横向きに、親指と人差し指でひねっていませんか？　それは、西洋の方の身体の使い方で、筋力でがんばるスタイルです。あちらの大きな身体の方たちには、このやり方がいいのだと思います。

けれど、日本人には合わずに、疲れやすいです。言い方を変えると、もしそんな絞り方が習慣なら、変化の余地あり、もっともっと身体がラクになりますよ。

西洋の生地であるタオルは厚みがあって小指で絞りにくいので、さらしや手拭い、木綿の布巾を使いましょう。

肝心なのは布巾を縦に持つこと。かつ左手を下に、右手を上に構え、掌と爪を上向き、外向きに持ちます。タオルを絞るときは、左右の手を横にして、甲を上にするはずですが、その逆です。左右の手を縦に、甲を外側にする。そして、ぐいっと小指と薬指を固く結ぶように絞る。その過程で手の甲が手前側になるはずです。雑巾や布巾自体の位置も、胸の高さくらいから絞りはじめ、絞り終わりは、お腹の辺りまで下がっていくようにします。

この「縦に絞る」が大切。小指で固く結ぶように絞る動きを繰り返していると、包丁を「持つ」が上手になります。そして自然と身体の使い方が変わってくるはずです。

もしご主人やお子さんも仕事や生活でくたびれていたら、食事と身体の使い方でもっとラクになれます。よかったら、家族みんなで「絞る」をわいわいやってみてください。

繰り返しますが、タオルだとやりづらく、空気を抜くために、身体が直感的に力みます。そのため、手ぬぐいや木綿の布巾がおすすめです。「絞る」で上手な身体の使い方ができるようになりましょう。

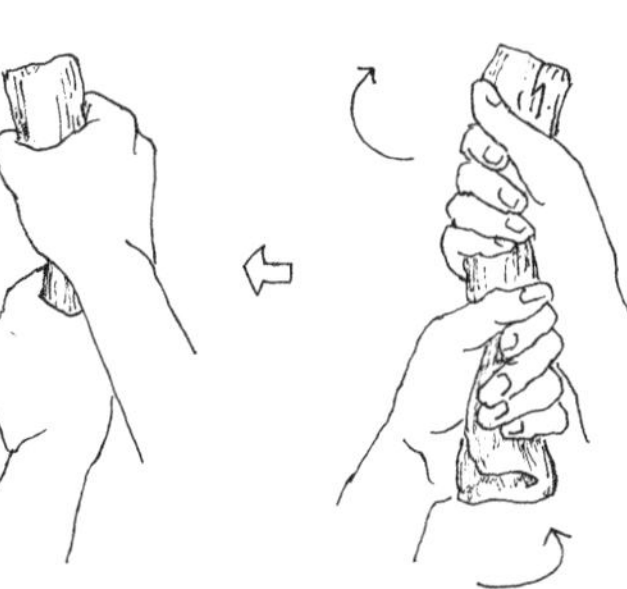

雑巾を縦に持って
両手を内側に回転

振り下ろしながら
絞る

玉ねぎ

野菜料理で、教室で重視していることは、とてもシンプル。ただ「よく素材を見つめて切る」です。

やってみると、普段いかに、黙って見つめることがないか、玉ねぎ一つとっても、何も知らなかったと、はっとします。

まず、玉ねぎは、皮はさすがに剝きます。その後、普通は、トップと「お尻」と私は呼んでしまう下の硬い根がついていたところ（茎）を切り落とすと思います。そのときに、スタン！　と乱暴に落とさないでほしいのです。

食養の世界では「一物全体」を大事にします。例えば皮も、玉ねぎなどは除きますが、できるだけ丸ごと食べます。大根は皮も菜っ葉も食べるのが理想です。食べ物を栄養素ではなくて、生き物・命だと捉えるのです。

さて、この「お尻」と（勝手に）呼んでいる部分ですが、扇に例えるなら、要にあたる部分です。ここを落とすとバラバラになります。大事なところですから、最低限小さく削って、できるだけ食べましょう。ここから旨みも出るのです。同じように、私は「帽子」と呼んでいる小さなトップ部分は、できるだけ茶色の部分だけを落としましょう。

どちらも、玉ねぎの機能が変わる継ぎ目

の部分です。下は、根っこと葉の集合体（果実のように見えますね）である鱗茎（りんけい）を繋ぐ部分。トップは、どんどん葉が伸びていく部分。そんな命たちの、懸命な「生きる力」「働き」をいただくと、私たちにもそういう力が育ちます。

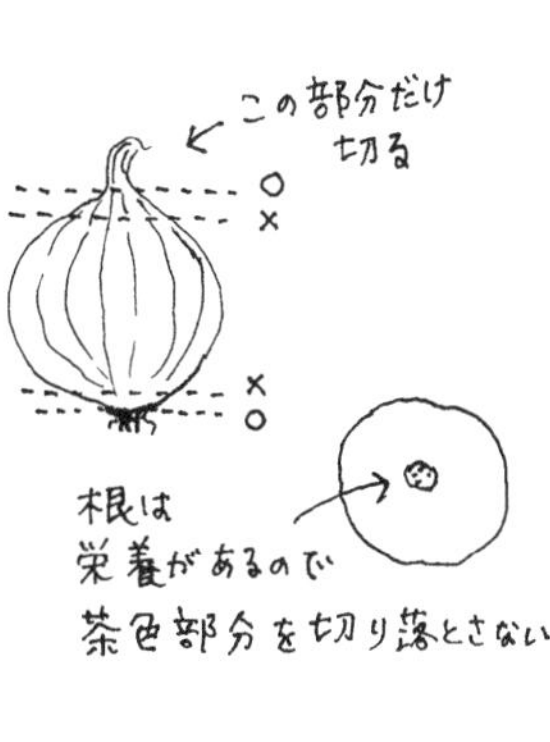

実はこの考え方は、漢方ではそんなに珍しくありません。皮は皮膚にあたる部分だから、皮膚を丈夫にする、とか、心臓には鹿の心臓や対応する角からの生薬を、など。

でも、薬ではなく、私たちは毎日、食べ物から命を通じて、元気の素を受け取れるのです。身体のため、と考えると味気ないですが、「食べ」「モノ」ではなくて、野菜も命で、懸命に生きようとしているその力をもらっているのだと感動していただけたらと思います。

特に種とり野菜は、その実感が容易で、料理がとても愉しくなると思います。生き残ろう、子どもを残そうという意思、老いていく美しさ。ハウスではなく、露地栽培が多いですから、異常気象の中、適応して生き残ろうと、野菜たち自体がたくましく、かしこく、健気です。じっと野菜たちを見つめていると、なんだか、彼らがどんなにがんばったかと、胸が迫ってくることがあります。

じっと見つめて、皮を剝いたり、上下の最低限の部分を落とした次は、たいてい玉ねぎを半分に割ると思います。そのときに、教室では、これは玉ねぎに限らず、りんごやキャベツなど丸っこい素材全般ですが、ひっくり返して「お尻」をじーっとまたよく見つめていただきます。何で見るかというと、どこで半分に割られたがっているか、どこで切ったらいいかを決めたいのです。じーっと見つめていると、2〜3カ所、「あ、ここだ」と二つに分かれそうな線が見えてきます。

素材を無視しない、向き合いながらすっすっと作業する。すると、調理がとても気持ちよくなります。焦りもなくなり、流れに乗る感じです。もちろん、できた料理もおいしく身体に染みわたるのは言うまでもありません。

くるくる回して
お尻の割れ目を探す

りんご

玉ねぎで、「お尻」（と呼ぶ後ろ側）から切ると書きました。子どもたちが小さい頃は、りんごをお尻側にひっくり返して、「どこで半分に割ろうか？」と聞いていました。不思議なもので、母子とも、「ここだ」と見えてくる線は同じ場所。

改めて、りんごを「命を切る」と捉え直してみましょう。りんごをお尻から半分に割った後、さらに四つ割りにしていきますよね。このとき、種のある内側と外側（皮側）、どちらから切っていますか？

りんごの身になって考えてみましょう。外からの風雨や圧力は予想しているはずです。でも、内側（種のある側）からの刺激や圧力は想定していないでしょうし、種はりんごたちにとって、一番外から守りたいところだと思います。だから、外側から刃を入れましょう。この切り方は、切る私たちもラクなうえに、断面もきれいで、黒ずみにくいです。口当たりも滑らかになります。

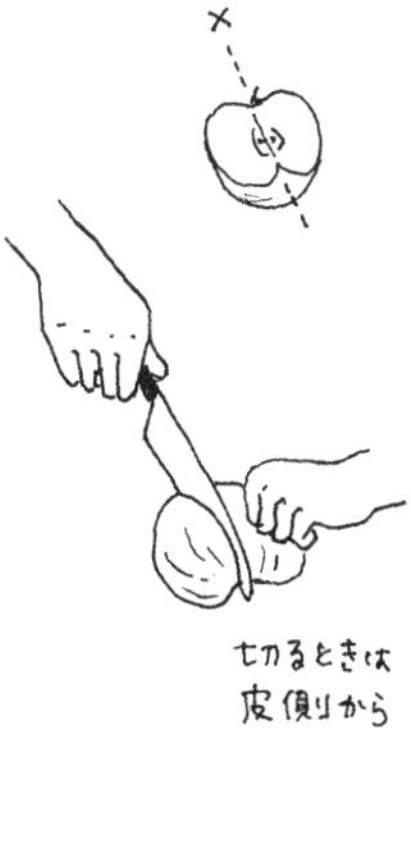

切るときは
皮側から

かぼちゃ

女性に人気のかぼちゃ。でも、切るのが苦手で……という方も多いと思います。少し視点を変えて、改めて相手(かぼちゃ)について、考え直してみませんか。

かぼちゃは、言ってみれば妊婦さんだと私は思います。自分の身体から栄養を吸わせながら、種を守っている母体です。そう考えると、力づくで切ろうとすれば、うまくいかないのは当たり前ではないでしょうか。ある意味、動物のように、ちゃんと「〆る」必要があると思います。彼女が安心して、私たちに食べられるようにすればいいのです。

実際、(理由はさておき)種がある内側から割ろうとすると、ものすごく力がいります。でも、かぼちゃに沿って切れば簡単です。

さて、練習です。かぼちゃは丸ごと買ってきましょう。そのほうがおいしく日持ちもします。まず、上下のおへそのようなところを取り除きます。そのときに順番が肝要です。ぎゅっと締まっている、扇の要にあたるお尻の部分から、くりぬくように取ってやってください。これで、ふっ、とかぼちゃの力が抜けます。そのあと頭の部分の茎を小さくくりぬくように外すのですが、お尻を取った後なら、ラクに取れます。

よかったら、試しに逆でやってみてください。ものすごく力が必要で、なかなか取れません。言わば、まだ生きていて、抵抗してきます。ヘタを取るのも難しい。でも、お尻を取ってからヘタを取ると、すっと取れるのです。ちなみにこのとき、小さい包丁やナイフのほうがやりやすいです。

かぼちゃを「〆る」は、もう一作業続きます。かぼちゃをまた、ひっくり返して、お尻側を見ます。そして、どこで二つに割れるか、玉ねぎやりんごと同じように、見えない線を見つけてください。ここだ、と思ったら、一度に全部割ろうとしないで、真ん中から半分ずつ、2回に分けて、切り分けましょう。

やっぱり、お尻側・皮側から先に刃を入れて、包丁を振り下ろすように、かぼちゃを左手で立ち上げるように動かして切ります。真ん中から手前半分を切り分け、向きを変えて、その向かいをまた、真ん中から切り下ろして。上手にいくと、パカッと二つに割れてくれます。そのとき、かぼちゃの気配が変わります。かぼちゃが種を守るのをやめ、死を迎えて、モノに変わるときです。これで、かぼちゃを「〆る」は完了です。

しっかりと、その身体をいただきましょう。ちゃんと食べて、私たちになってもらいます。あとは、同じように、お尻側から、切りたい大きさに切っていけば大丈夫。生徒さんは私が切るのを見て、「りんごみたいにすいすい切ってる……」とびっくりします。何度か練習してみてください。きっとかぼちゃと仲良くなれます。

葉菜類

葉菜類の命を一番実感しやすいのは、「茹でる」です。小松菜を例にしてみます。小松菜を洗って、お湯を沸かし、塩をひとつまみ入れて次の通り茹で比べてみます。どちらも、「おかあげ」といって、盆ざるにあげて冷まします。水にさらさないので、余熱で煮える分を考えて、少し早めに引き上げましょう。

違いは、一つは株ごと茹でます。もう一つは1枚ずつ、丁寧に葉を根元から外して、茹でてみてください。時間はそれぞれ、つやっとしてくる頃が、甘みが出ておいしいので、決められません。茹であがったら、よくつやなどを見比べてみてください。もちろん味も。「どちらが正しい」ではなく、実際に試して感じていただきたいので、「これがいい」とは、書きません。ヒントは、株ごとは、小松菜にとって生きたまま茹でられること。葉を外したほうは、もう命が終わった状態です。

できあがりはあまりに違って、やっぱり素材の声を聞いて料理したくなります。また、大きな葉は、裏返して葉脈に沿って切ると、きれいに切れるのでおすすめです。その他、おひたしにしたくて絞るときは、手ではなく、巻きすで葉菜を巻いて絞ると、とてもきれいに、潰さずに絞れます。

根菜類

硬い根菜は、刃の一点をあてれば切りやすくなります。「切る」ときは、「押す」か「引く」で、上下ではなく、前後に動かします。包丁を振り下ろしながら、大きなゆるい弧を描くように押し出すのです。ゆっくりと振り子のように、包丁と手が角度の広い弧を描くつもりで。引くときは、ひじの内側を意識して、押すときはひじの外側を意識すると、力まずに「切る」ができるようになります。

包丁の先から手前に
①〜②の順で下ろす

根菜類も基本は玉ねぎと同じく、頭とお尻の部分は、人参や大根、ごぼう、蓮根、どれもできるだけ小さく落とします。そして、どうしたら一番おいしくなるのか、じっと見て感じてみてください。じーっと素材を見れば、必ず「あ、こうしたらおいしそう」と閃くはずです。素材が気持ちよさそうな料理にしていくと、シンプルでもしみじみとおいしく、食べると生き返るような感覚を得ます。

八百屋さん

私たち家族は、雲仙の岩崎政利（いわさきまさとし）さんという40年近く多品種の種を継いでこられた方に惹かれて移住しました。岩崎さんの黒田五寸人参や玉ねぎになると、ものによっては、名馬のように勝ち気で猛々しい個体もおり、「あんた、どうしたいの」とこちらを試しているような雰囲気さえあります。そしてものすごくおいしい。同時に、岩崎さんの野菜たちは、繊細な味わいも持ち、葉菜の重層な味わいはすごいです。塩もためらうほど。

そんな種とり野菜に出会うまで、私は20年かかりました。現代社会では、生活圏の中に、「いったいそんなもの存在するの？」という感じだと思います。実際、1％も市場に存在しません。お金にならないことに人生を懸ける、骨太の八百屋さんたちがいます。ここでは、宅配で扱う八百屋さんをご紹介します。

○【東京】自然村／グルッペ／タネから商店／warmerwarmer
○【神奈川】青果ミコト屋
○【福岡】金子商店
○【兵庫】めぐる八百屋オガクロ
○【奈良】五ふしの草

また、神奈川・相模原の「すどう農園」では、種とり自然栽培や里山仕事を通学で学べます。

お魚の愉しみ

一番手軽なお魚の食べ方は、やはり煮魚だと思います。私は煮付けではなく、薄い汁物風が好きです。よく中華鍋でつくります。

水と塩、料理酒、醤油と生姜などをぐらぐら煮立て、お魚を一尾ずつ、冷まさないように入れます。煮汁をかけながら煮て、取り出して、火の通りやすい野菜やわかめ、豆腐などを煮て、器に具を彩りよく盛ります。鍋に残った煮汁はさらに煮詰めて、かけてできあがり。濃く煮詰まった煮汁に柑橘類を加えたり、大根おろしを加えてもおいしい。15分とかからず、簡単です。

お魚を使った料理はやはり、薬味が肝要だと思います。煮魚は生姜がなくては！　生姜の皮を包丁の背でこそげて（重要です）、スライスしてたっぷり入れるとおいしい。お魚のにおいが苦手な子どもにも食べやすくなります。春は桜の花の塩漬けを塩抜きして使うと、とても香り豊かです。秋はきのこやねぎ、冬のゆずと薬味は、季節感も愉しめます。

雲仙に引っ越して、感動したのは、「端境期」と呼ばれる自然栽培では野菜がなくなる時期に、海の幸が豊富にとれ、食べられること。同じ種類のお魚でも、月がめぐると味わいが変わって愉しいです。

雲仙は、白身と青魚がふんだんにとれます。どちらも、あっさりしている分、油とも相性がいいので、我が家は夏の来客時には、オイルと煮る魚料理が定番になってきました。にんにく、生姜、オリーブオイルや好きなオイル、トマトや夏野菜を少し煮ると、イタリアの漁師風料理に。この煮汁で最後は、雲仙島原名物の麺や豆腐、地元の天然酵母パン、ときにはリゾット風でしめようというわけです。酒飲みの集まり、ワインがもう1本空かないわけがありません！

野菜とお魚、お米はイタリア風料理と相性がよく、イタリアンが嫌いな男性はいないと思います。お魚は家族が嫌がるという方は、イタリア風はいかがですか。よいオイル（オリーブオイルに限らず）と薬味を活かし、地のものを使えばイタリアンだと私は思います。その心は故郷とマンマへの愛。家庭では、ラフに「カアチャン飯」的でおいしいです。

プロの味は、我が家は、雲仙の隣、島原市の「Pesceco」というレストランにときどき伺うのを愉しみにしています。地元を愛し、哲学と腕がある、本当にかっこいいお店です。

魚屋さんも雲仙で出会い、田中鮮魚さんは、テキパキしていてかっこいいです。掃除もきちんとされて、ほとんど消毒液のにおいがしません。これは嬉しいです。都会の大手のお店では、食中毒を防ぐために仕方ないのでしょうが、お魚から消毒液がにおってくることがあります。異常気象もあり、腕のある漁師さんたちですら、存続が大変そうです。台所から、海の幸も受け継ぎたいですね。

魚の下処理（切り身）

お魚は下処理を行うと消化がよくなり、おいしく元気にいただけます。きちんと消化できないと、胃もたれや寝苦しさ、排卵痛、生理痛などトラブルを招くこともあるので、気をつけます。

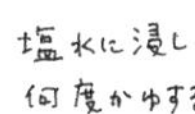

下処理の手順

①切り身の魚は、海水よりちょっと濃い4%程度の冷たい塩水に浸します。ときどきゆすって振動を加えながら10～30分。このとき、冷蔵庫に入れてもかまいません。浸すと、鮭は膜のような脂が浮いてくることが多くあります。
②浸し終えたら、水けを手早くしっかり拭き取って、バットに並べて料理酒をかけます。ときどき上下を返します。
③濡らしたさらし、またはラップをかけて、冷蔵庫で10分以上おきます。この状態で1晩から2晩寝かせることもあります。

お肉のコツ①

お肉は食べはじめてやっと2年。「コツ」を語るほど何もわかっていません。ようやく、台所でお肉に触れても、ドキドキしなくなりました。そんな肉食初心者、書けることなんて、何もありません！　と思いました。けれど、20年食べなかった私が、食べるようになった視点に加えて、人の身体について学んだことと、生徒さんたちの健康への考察と経験で、つづらせていただきます。

私の教室の一番の特徴は、お肉も野菜やお米と同じで、天地の授け物である命(食)を、天地からの授かり物である己や家族の身体にお迎えする、と捉えていることだと思います。人の身体も、八百万(やおよろず)の神様がおられる神聖なものだと思っています。

身体の中の神様にお供えするお肉。まず見るのは、色と身の締まり具合、そして彼らの気配です。色は原則として、赤いほうが鉄分が多く、白いほうが少ない。脂肪の割合は一番気になります。私はやはり、ある程度運動している子、尊厳を守られた子の身をいただきたいです。放牧や平飼いの子、小屋からあまり出せなくても、愛情をもって世話をなさっている方のお肉を求めます。

「自分の都合のために、高級食材を買い集

めてください」という意味ではありません。自分も食べられる命も、生産者さんも、みんなの生死の尊厳と幸せが台所の役割です。

さて、お肉は火入れの料理です。お魚・野菜中心の日本料理とはまったく別の食材。お肉はお魚よりは、硬くなる温度が高く、野菜よりおいしくなる温度が低く、難しいです。

我が家は、「シンプルに炒める」「煮る」「揚げる」が基本の食べ方です。

鶏は水分をとばしすぎないように、表面を固めて、中はゆっくり低温で火を通せるように。唐揚げも全粒小麦粉と片栗粉の両方で膜をつくり、2度揚げします。シチューに入れるときも、一度粉をまぶして、表面を焼いてから、別で軽く煮た野菜と合わせて煮ます。

牛と鹿は、焼きすぎないように、煮すぎないように気をつけています。塩、こしょうでシンプルに丁寧に焼く。生姜醤油や甘辛醤油を添えたり、薄いお肉は、先に浸してからさっと焼くことが多いです。

炒め物は、お肉を先に少し焼いて取り出し、野菜やこんにゃくを炒めてから、再び合わせて全体を調味します。スジは圧力鍋で煮込んでシチューやカレーに。我が家は小さな子どもが喜ぶ、子ども向けの味です。一方、大人は煮魚風のシンプルな味が好きで、生姜、野菜や豆腐などを煮てから、最後にお肉を加えて硬くなりすぎないように調味します。下処理は、とても大切だと思います。爽やかだけれど旨みがあって、おいしくもたれにくくなります。

お肉のコツ②

牛や豚など四つ足のお肉と玄米は、同時に多く食べないようにしましょう。鳥類は合わせられますが、牛や豚と玄米は、互いに強いので、胃腸や肝臓に負担が大きいように感じます。

玄米と同時に食べるときは、お肉か玄米、どちらかをほんの少しに。一番いいのは、玄米のときは、他のおかず素材にして、四つ足のお肉と同時に食べるときは分づき米にします。そして、分づき米でも、たくさん食べるのなら、お肉は多すぎないように。お肉をしっかり食べるときは、お米はほどほどにしたほうがいいと思います。このことを私たちは本能的にわかっているためか、肉食の人は酒とつまみが好きで、呑みながらだと、炭水化物をとりたがらないなと思います。お酒で糖質をとれているからかもしれませんけれど。

お米はとても強い、特殊な植物です。栽培期間も長く、水をたくさん必要とします。保存できる期間も繁殖力も特別です。お米をきちんと食べていると、お肉は少しでも足りるのかも、と思います。お肉は、過剰に食べすぎると（特に一部位ばかり）身体にも環境にも負担になりますし、お肉にもお米にも失礼にならないよう、気をつけたいですね。

肉の下処理

見つめて感じたことを大事に、下処理に入ります（長時間室温で見ていると傷んでしまうので、寒い部屋か、台所なら短い時間で）。現時点で、私はできるだけ放牧や平飼いの家畜のお肉をいただくことが多いです。準じて、「駆除」という名の下で殺められた鹿肉。どちらも新鮮なことはなく、切り身や、冷凍を購入するのが現実です。

新鮮ではないものが多いので「血抜き」がとても大事だと感じるようになりました。これをしないと、もたれたり、とたんに不快な夢を見たり。また、食べられてくれたのにちゃんと同化できなかったのかな、とちょっとお肉に対して申し訳なく思うことが多いです。

下処理の手順

①肉によっては、最初に軽く塩水で洗い、拭き取ります。
②料理酒に浸して30分～1晩おきます。丸ごとのままがいいか、切り分けてからがいいかは、その都度違う判断をしています。
③塩水でさっと洗い、水けを拭き取ります。

※下処理の後は、除けたほうがいいと感じた脂肪やスジ（特に鶏肉）を取り除きます。皮も脂肪も飼われ方で違うことが、作業すると改めてわかります。よく運動している子の脂肪は、おいしそうに見えるので残します。それから、シンプルに塩こしょう、酒と醬油と生姜、または刻んだ玉ねぎと塩麹、などを加えて、調理します。

休み時間

唇で健康と食事チェック

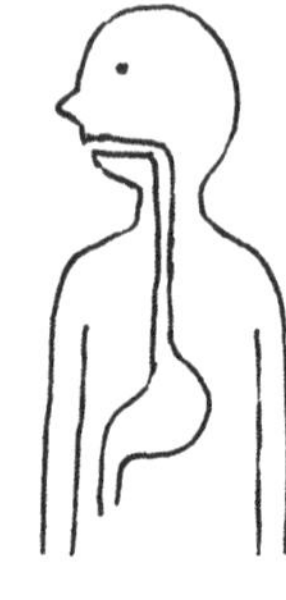

東洋には「望診」という知恵があって、顔の状態や指など身体の表面の状態を見ることで、それに対応している身体の中を見る、という知恵があります。検査よりずっと手軽で、知っておくと、「この食事でいいのかな」「体調はどうかな」と簡単なチェックになっていいものです。ここでは、唇の見方を紹介します。

唇は、消化力を持つ消化器の代表である、胃腸や膵臓の状態を見ることができます。唇がカサカサだったら、消化液（膵液など）があまりよく分泌されていない。もしくは、胃腸が疲れて荒れているのかもしれません。暴飲暴食が続いていないか、脂っこいものばかりで、発酵食品やお味噌汁などが不足していないか、振り返ってみてください。逆に言うと、食事次第で、唇はいつもつやつやになるのです。

上唇は、胃を表します。チェックしたいのは、色つや、リップライン、できもの等がないか、大きく膨れていないか。上唇のリップラインが薄く消えていたら、胃はオーバーワーク気味。こんなとき、ちょっと控えてほしいのは、精製油・ドレッシング、脂っこい食事、スパイス、精白麺、生野菜サラダ、アイスクリーム、タバコ、ひき肉(ハンバーグなどで脂身が多いもの)、精製糖(単糖類)をたっぷり使ったお菓子やケーキ類。反対にお味噌汁や無添加の梅干し、ぬか漬け、たくあんは取り入れましょう。野菜の煮物、茹で野菜、かぼちゃやキャベツなどもよいですよ。

一方、下唇は、腸のSOSに気づくのに役立ちます。内側が小腸を示し、外側が大腸を示します。上唇と同じく、色つや、形、リップラインのチェックを。健康的なピンク色が元気な状態で、黒ずんでいたり色が悪いと、腸内環境があまりよくありません。そういう唇は、大腸に老廃物が溜まっている可能性があるので要注意です。玄米ごはんをしっかり消化よく食べて、お腹の大掃除をしてもらいましょう。海藻を取り入れるのも効果的。根菜類も増やして。

ただ、加齢やさまざまな環境変化で必要な食べ物は、少しずつ変わります。例えば意外なところでは、玄米を消化の悪い炊き方で、その人に合わない量を無理に食べていても、唇が膨れて、カサカサになってやぶれてきます。自分の食べているものが、身体のニーズに合っているかどうかは、体調に聞いてみるのが一番。体温や快食快眠快便か、唇の様子、肌の様子などで、自分の身体と対話を続けましょう。

四季と台所

4時間目

～旬を味わい、季節を愉しむ～

身体の内側も季節の食べ物で「気替え」を
旬の喜びは、病も癒し、身体を丈夫に

台所の喜びの一つは、季節感です。人生で今日は二度となく、たった一度の自分をつくるのは、台所がつくる料理。それが私たちの血肉となって、今日と明日をつくっていきます。

旬の素材は、暑さ寒さに適応させてくれ、体調を崩しにくくしてくれます。季節の手料理が増えると、元気も増えます。それになんといっても、旬が一番おいしい。本当の旬は短くて10日ほどしかありません。今をつかまえて、料理しましょう。一日一日が愛おしくなります。

ファッションやメークだけでなく、身体の内側にも、季節と今を取り入れましょう。血液が変わり、不思議と、過去や未来の心配を忘れ、今を愉しめるようになります。

新春

でも、ちょっと難しいのです。だから、台所初心者の方は、数年かけて、段々上手になってください。1年目は、一つでも実行できればいいのです。現代人は忘れていますが、身体そのものが、小さな大自然です。そのことを思い出し、しっかりと意識を向ければ、身体の中の複雑な自然の巡りが取り戻されて動き出します。季節に合わせて、ちゃんと元気でいられます。

季節と風土に合わせて食べることが、健康と「おいしい」にとても大切です。そして、季節との調和の中でも、一番重要なのは新春です。新春をどう過ごすかで、春と夏の快適さが決まります。それどころか、一年の快調・不調を左右するほど。

さて、一番難しい新春。お正月が「新春」となっていますが、身体にとって本当のお正月は、二十四節気の立春の頃です。新暦、旧暦及び節切りと明けて、本当の一年のスタート。一年の計は元旦にあり、と言いますが、一年を元気に過ごす要の時期でもあります。特に、

ＰＭＳ（月経前症候群）、生理痛、ホルモンバランスが崩れることによる気持ちの乱れ、子宮や生殖器の病気、目の悩み、不妊等で悩んでいる方にも、普段の食事に加え、新春の過ごし方の改善はおすすめです。

ポイントは二つ。

一つは、「身体のダウンジャケットを脱ぐ」こと。これは私の例えで、寒い季節に蓄えた皮下脂肪や体内の脂肪を排出しましょうということです。もう一つは肩甲骨を寄せて胸を開き、骨盤を開くこと。

これらを私は、「あたたかい季節に向けた身体に〝気〟替えること」と表現します。衣替えだけでなく、身体も「気替え」ましょう！

なぜ、気替えが必要かというと、身体のダウンジャケット、つまり冬の間に蓄えた脂肪を持ったままあたたかい季節に突入してしまうと、体調と気持ちを崩してしまうのです。

不要な脂肪は主にリンパに流れます。その後、排便で捨てられれば問題ありません。これが、「身体のダウンジャケットを脱ぐ」です。

しかし、新春にそれができないと、身体は春が本格化してから、なんとか暑い夏までになんとか排出してしまおうとします。例えば、春の発熱。捨てきれなかった脂肪の燃焼です。続けて、目やにや目のかゆみ、鼻水、花粉症、耳だれ、痰、おりものなどや、皮膚の薄いところににじみ出てかゆみに。じんましんにもなります。いずれも不快な症状ですが、俯瞰でとらえれば、身体の開いたパーツや粘膜から排出しようとしているか、一部に溜めこむことで、生存にもっと重要な機能を維持しようとする、身体の努力とも言えるのです。肩こり、むくみ、偏頭痛なども生じます。

あたたかい春なのに、脂肪の防寒具を着用したままのような状態です。そのため気持ちも晴れず、どんよりと重く、脂肪の膜で曇りがちで、春の爽快さ、軽やかさを味わえません。低気圧や湿気にもとても弱くなります。

もう一つの「肩甲骨を寄せて胸を開き、骨盤を開く」ことは、血流を促し、春のホルモンバランスにするということです。肌もつやつや！　きれいな新しい血液が流れて、目も開き、白目もとてもきれいに。気持ちも春らしくワクワクします。

春が巡ってくる度、つるりと生まれ変わってきれいになり、春のお花のように、笑顔が人間社会にもいっぱい咲いている。それが本来の自然な人の世界だと思います。

次にその「気替え」の方法を記しますが、四つのステップがあります。時期は二十四節気を目安にしますが、日本は南北に長い国。地域差が大きく、ひと月ほどずれがあります。重要なのは、その土地にぴたりと合った約2週間。暮らしている土地に、ふきのとうが出だした、梅が咲き出した、たんぽぽや桃が咲き出したなど、野生の土地の植物を目安にしてください。

第一ステップ【排出の下準備】
時期：冬の土用（1月18日〜2月3日頃）

この時期は、準備運動です。キーワードは「白い野菜の甘み」です。「赤紫」「緑」もポイントですが、無農薬の大根や野菜は、ちゃんと部分的に赤紫を宿しているのです。

例――白菜、かぶとその菜、大根と菜、カリフラワー、ねぎ、玉ねぎ、新里芋、赤リアスからし菜、冬の葉菜。「赤紫」の小豆や梅干しを入れた炊飯もおすすめです。

野菜たちはその甘みを引き出せる調理でシンプルに食べてください。寒さで、甘みが増す冬野菜たちを厳寒の中、作業してくださる農家さんのおかげでおいしくいただけますね。

第二ステップ【脂肪を脱ぐ】

時期：立春～雨水（2月4日～2月19日頃）

梅がその土地に咲き出す頃。

さあ、いよいよ脂肪を脱いでいきます。この時期に必要なのは、主に胆のうへの刺激。胆のうは、肝臓と膵臓の間にある小さな袋状の臓器。脂肪の乳化（溶かして排出しやすくする）を行う胆汁を冬の間にいっぱい溜めています。その胆のうをぎゅっと刺激して、胆汁を出してくれるのがこの時期の「苦い」食材と「小さな丸いもの」。旬のそんな食材、思いつきますか？

例――ふきのとう、たらの芽など春の野草、金柑、レモン、芽キャベツ、こごみ、たんぽぽの新芽とつぼみ、菜の花類（つぼみごと）、ブロッコリー、春のきのこ、古生姜、平飼い卵。保存食では梅干し、小豆、緑茶など。

梅干しと小豆以外は、新鮮な良質の油と塩や味噌で調理すると効果的です。また引き続き、白い野菜はどんどん食べてください。

さらに、肩甲骨を1㎝でいいので、毎日寄せて動かしてください。ゆっくりがいいです。くれぐれもじわーっとゆっくり動かして。なお、この頃に自然な苦みを食べないと、別の苦み、ビールやチョコレートや抹茶アイスに走りがち。質のいいものを適量なら大丈夫ですが（バレンタイン、自分のための苦いチョコが愉しみな方も多いですよね）、質の悪い量産品を大量にとると、逆に脂肪のダウンジャケットを重ね着するようなもの。そんなときも、たわしこすりや火と梅干し炊飯玄米、海藻やお味噌汁が助けてくれます。

第三ステップ【骨盤の開閉を促す】

時期：雨水〜啓蟄、春のお彼岸、春分の日頃（2月19日〜3月6日頃）桃が咲き出す頃。

この時期は「花」と「白い柔らかい素材」「白い柔らかいタンパク質」「長いもの」「酸味」がキーワードです。

例——たんぽぽ、菜の花（大根、かぶ、ブロッコリー他すべての）、桜の花の塩漬け、春のかぶ、カリフラワー、えのきだけ、豆腐、鰆、春の白身魚、はまぐり、ふき、春のごぼう、たんぽぽの根のお茶、新わかめ、梅干し、梅酢、酢、柑橘汁など。

たんぽぽの花や新芽は、女性ホルモンに抜

群の働きをし、貧血解消や、目にもとてもいいのです。

脂肪のダウンジャケットを脱ぎ終わり、いよいよ骨盤を開くとき。肩甲骨が動いていれば、胸も開いて、いっぱいに春の大気が吸えているはず。ますます身体が空気にいい反応をして、春夏向けの身体に切り替わり出します。春は生き物の繁殖のシーズン。ホルモン分泌が活発に、目も肌もつややかに、いきいきとした、その人らしい美しさと笑顔、快活さが溢れる頃です。

第四ステップ【気替えの総仕上げ】

時期：啓蟄〜穀雨中頃（3月6日〜4月末）

桜が咲き出す頃。

この時期に食べたいものは旬の筍です！毎年、ほんの1〜2回でいいのです。筍が顔を出してきたら、ぜひ食べましょう。これで総仕上げ。冬向けの熱を蓄える身体から、熱を逃がす春夏向けの身体に気替え終了です。

春が本格化し、気替えができなかった人は体調を崩しがちなシーズンです。でも気替えが終わった人たちは、花粉症も低気圧も梅雨も、平気。気持ちよく春のあたたかさを感じられるでしょう。

引き続き、新わかめ、豆腐、春のお魚、桜の花の塩漬け、あれば菜の花やふきのとう、ふき、春ごぼう、梅干し、酸味をとってください。新春の気替えがうまくいくと、春から夏へ、そして、夏から秋へと、スムーズに身体が変わりやすくなります。

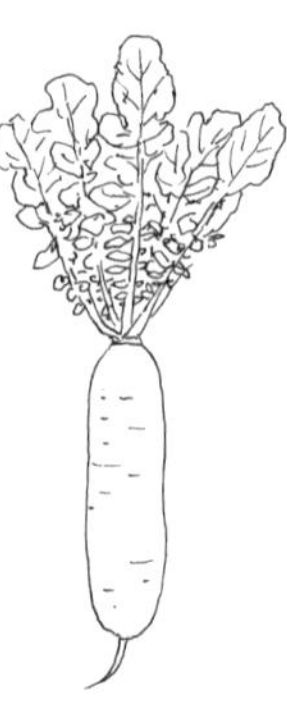
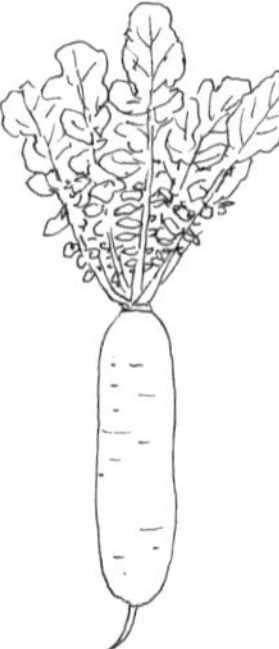

春

新春を通じた「気替え」が終われば、桜の花が満開の頃、春を美しく心地よくワクワクする気持ちで愉しめます。

さて、この時期は「何を」より「みずみずしさ」「水の流れ」を食べてください。いきいきと伸びる葉物や芽物、花に「流れ」を見つけましょう。断ち切らず、手でちぎる、繊維に沿って切る、を増やして。

春の自然界は、変化が早いです。人間も春はスピードが大事です！　旬をつかまえて、そのスピード感をもらってください。

調理法は、「茹でる」や「蒸す」、プレスサラダ（浅漬け）、さっと炒める、を。スープは干し椎茸といりこを加えるのがおすすめです。

食材には淡い緑、赤紫、白、「伸びる」「開く」を見つけて食べてください。例えば、春のかぶとその葉は自然栽培なら、赤紫を宿しています。春の代名詞、筍も根元は赤紫です。梅酢や素材の「酸味」「苦み」も大事です。

春は平飼い卵も旬で、ひときわみずみずしい。少し老いた鶏を春先に締める農家さんも多いです。ただし、ケージ飼いの鶏肉では血液は滞りやすく、むくみや胃の不調も招きがちです。尊厳を食べましょう。

また、春は海の幸の時期でもあります。春のわかめ、貝類。みずみずしいお魚も各地にいろいろ春を告げに来ます。桜鯛、あじ、初鰹、めばる、小さないわし、しらす。ぜひ土地の旬のお魚を。

春は、一年中ヘビーワーカーな肝臓を助けられる時期です。目の充血、眉間のしわ、身体が重い、PMS、妊娠や授乳の悩み、顔が黄色い、どす黒い、体臭が強い、肩こりなどの不調を抱えている人は、働き者の肝臓からのSOS。

加工品・中食・外食を減らして、春の素材の手料理を。肝臓は人工物と食べすぎが苦手です。自然なものが好きで必要です。乳酸発酵の漬け物と半日断食もおすすめ。

一年間を通じての「切り方」がよくないと、新春から春の土用入り(4月下旬)までは鼻や呼吸器、目など粘膜や肩に不調が出やすく、内臓や気持ちが辛い方も出てきます。

春に食べたいものの例

菜の花(つぼみ)、蕗の薹、かぶとその葉、筍、たんぽぽ、新わかめ、うど、しいたけ、長芋(とろろ)、春人参、赤紫玉ねぎ、ラディッシュ、梅干し、梅酢、桜の花の塩漬け、ぬか漬け、麦飯、(全粒)うどん、豆腐、平飼いの鶏肉、平飼い卵、緑豆春雨(×馬鈴薯春雨)、少々の貝、桜鯛他旬のお魚、いちご、夏みかん他柑橘類、さくらんぼ他。酸味と苦味。

梅雨

近年は、日本の梅雨は、梅雨というより「ゲリラ豪雨」が定着しつつあり、言葉を失う災害が続いています。農家さんたちも、せっかくの春蒔きの作物が流されたり、土砂崩れで埋まったり、山で食べる物を失った猪に荒らされたり。旬を味わうというよりは、生きて家族で食卓を囲めるだけでありがたい台所になってきました。

さて、それでも「梅雨」です。梅が出てきたら、梅干しを仕込みましょう。一緒に、青梅シロップも甘味料に長期熟成の氷砂糖と米飴を加えて、つくります。「梅」はミネラルの吸収も水分の吸収もどちらも助けます。

発汗と水分摂取が多い夏、異常な猛暑、血液をよい濃さ、つまりいい「塩梅」（塩は大事なミネラル分）に保つのに、梅のしょっぱいものと梅の甘いジュースが、大活躍します。

順序が逆転しましたが、梅雨の前には、乾物をしっかり食べておきましょう。もともとは、梅雨に乾物がカビてしまう前に食べる、という理由だそうです。しかし実際は、梅雨に備えた身体の準備になりますよ。

低気圧と湿気には、胃、脾臓とリンパ、膵臓、腎臓が反応します。これらの臓器には、普段からの水分、糖分、脂肪、調理法のバランスが重要です。馴染みはないかもしれませんが、「脾臓」を強めるために、晩春の苦い素材、酸味のある素材を取り入れましょう。

小豆は、湿気と低気圧に対処してくれる貴重な素材です。無農薬の北の小豆がおすすめです。水に戻して、15〜30分で一度水とアクを捨てて、調理します。我が家はシンプルにレーズンと炊いて、米飴で甘みをつけておやつにします。貴重な小豆は大切に食べます。

鰹のような赤紫の動物性タンパク質、海藻類もおすすめです。しっかりとミネラルを補給してくれるので、寒冷、低気圧との関係でメニエール病が起きやすい人はぜひ。

グリーンピースやそら豆といった新緑の豆類は旬が短い初夏の風物詩です。土地の旬をつかまえて。炊飯には古い梅干しを入れましょう。新しい梅干しの前に、梅と炊いた玄米をしっかり食べておくと、体調よく乗り切れます。梅干しはごぼうを煮たり、切り干し大根を煮たり、あらめという海藻を煮たりするのもおいしく元気になります。

新緑が眩しい初夏くらいからは、無農薬の緑茶や和紅茶もおすすめです。

梅雨に食べたいものの例

梅雨前に乾物、小豆、梅干し・梅酢、鰹、鮎、海藻、あらめ、ごぼう、そら豆、パセリ、おかひじき、必要であれば放牧豚保存食他。

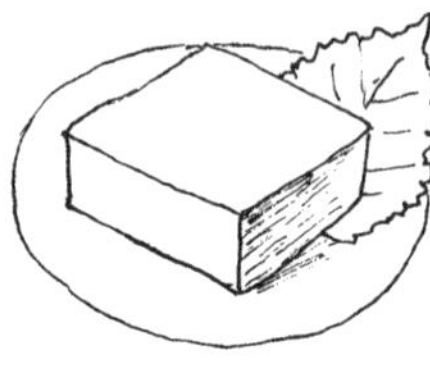

夏

近年の日本の夏は、もはや「熱い」という字を当てたくなりますね。チベット高気圧と太平洋高気圧のダブル高気圧。猛烈な湿気と乾燥の二重奏には、何を季語にしたらいいのかわからなくなります。

本来は、夏は夕涼み、みずみずしい果物や流し素麺、風鈴の音や「和」の夏の愉しみがいっぱいですね。

さて、猛暑に気をつけたいのが、水分補給。水の飲みすぎは、胃液が薄まり、血液中のミネラル濃度が下がりすぎて危険です。水より白湯にするか、梅酢を垂らして飲む、煮だし麦茶を冷やして飲むとよいです。

大活躍するのは、梅雨の梅シロップ＋梅酢で、スポーツドリンクに。大人は赤じそジュースでも。砂糖や甘い物は過剰だと身体を弱らせますが、適量は汗をかかせて、熱を逃がしてくれます。梅の酸味が、塩分やミネラルの吸収効率をアップしてくれます。

身体を冷やす豆乳は、夏は、梅酢と柑橘汁、甘酒やメープルシロップを混ぜると、和製ラッシーみたいになります。

食事では、夏の素材をいっぱいいただきましょう。「色の濃い野菜、酸味や苦み、小さく切る、加熱時間短めを増やす」がキーワードです。それと、ぬか漬けかしば漬けのような「乳酸発酵食」をお忘れなく。そして夏はやっぱり薬味が愉しい！　ちょっと添えるだけでぐんと食欲をそそります。

夏に食べにくい玄米は、梅酢とゆかり、大葉や刻み生姜を和えたり、具沢山の海苔巻きなどがおすすめ。きゅうりやトマトでライスサラダ風にも。オクラやモロヘイヤ、つるむらさきといった粘りのある素材は、夏の乾燥から呼吸器を守ってくれます。夏が旬のかぼちゃも日本の在来種はみずみずしく、暑くても喉越しよく食べやすいです。ピーマンやゴーヤ、万願寺とうがらしといった苦い夏野菜は、暑さから身を守ります。さしみこんにゃく、豆腐、寒天、素麺も身体を冷やし、また本葛が調えてくれます。近年の猛暑は、タンパク質が多く必要なようです。鱧（はも）など夏らしいお魚もでてきます。旬のお魚、鰹や鰹節のだし、本来北方や砂漠に必要な肉食も、今の日本の猛暑には助けになると思います。

夏に食べたいものの例

ズッキーニ、きゅうり、パセリ、ピーマン、ゴーヤ、トマト、オクラ、とうもろこし、和かぼちゃ、冬瓜、大葉、エゴマの葉、生姜、豆腐、梅干し、しば漬け、紫蘇の穂の塩漬け、本葛、白ごま、高きび、素麺、蕎麦、あおさ、鰹他旬のお魚、鹿肉など良質の赤身肉、ベリー類、オリーブオイル、酸味、苦味など。

秋

秋冬を迎えるにあたり、本来は「晩夏」、つまり夏の終わりの過ごし方がコツです。暑い季節から寒い季節へ変わるときですから、新春のように衣替えならぬ「気替え」をしましょう。徐々に身体に残った熱を除き、クールダウンさせて、秋冬の乾燥と寒さに備えます。

身体に余剰な水分や夏らしい糖分（ビール、かき氷シロップ、ジュース、冷やし素麺など）の冷やす影響が残ったまま、寒い季節に突入すると、不調に。身体は自衛するので、寒さが本格化する前に発熱して、排出しようとします。あるいは、一部に溜めて他の機能を妨げないようにします。

例えば目や鼻、耳、足首などの関節付近や呼吸器近くのリンパに蓄積し、腫れ、むくみ、かゆみ、鼻水や痰などの不快現象が起こりやすくなります。しかし、晩夏にしっかりと気替えて、心地よく排出しておけば、不快な症状に悩まされなくてすみます。

さて、そんな晩夏の気替え、大人にはまず生姜がおすすめ。ただし、水耕栽培でなく、土で育った生姜、冷やされすぎていない生姜を。もともと熱帯出身の生姜は、キンキンに冷やすと効力も味も落ちます。

晩夏にはかぼちゃや玉ねぎ、また、住んでいる地域の名残の夏野菜を。ごぼうもいいですね。オクラ、モロヘイヤなど粘りがある素材は、呼吸器を潤し、秋の乾燥に備えて、免疫力を高めてくれます。私は秋の初めはオクラが主食？ というくらいたくさん食べる数日があります。塩茹でしただけで、大変おいしくて、農家さんに感謝です。暑気払いには大根おろしもおすすめです。

晩夏から初秋は、梨とぶどうも旬を迎えます。減農薬や低肥料のものが手に入れば、身体の火照りを冷まし、血圧を整えてくれます。ぐっと冷えるので、逆に身体をあたためる素材を食べやすくしてくれます。例えば大事な玄米も身体に夏の熱が残っていると、食べづらいものです。するとついつい、かき氷や精白麺、きゅうり、生野菜、ビールやジュース、ヨーグルトなど、身体を冷やすものばかり食べて、体液が薄まり、冷えて、内臓もゆるんで代謝が落ちて、身体も気持ちもダウンしてしまうことがあるので気をつけます。

寒い季節を迎えるにあたって、しっかり体液を濃くする、身体をあたためる素材が必要。あたためたくなるには、一足早く、ぶどうなどで、身体の内側から、冷えを伝えてあげるといいのです。ただし、化学肥料や農薬が多いぶどうは、気をつけてください。食後、口の中に甘みや粘りが張り付きます。痰、舌の腫れ、目や肌のかゆみの原因になることも。栽培方法や洗浄方法に努力している農家さんの果物をぜひ。茄子も残暑を払ってくれる野菜の筆頭です。

冬野菜が本格化する前の、秋の端境期には、栗をはじめ、天然の木の実やきのこ類、野草、そしてお魚がいろいろとれ出して、食卓を彩ってくれます。涼しくなると鶏たちもまた卵を産み出してくれます。

お魚では、旬が早いのが秋刀魚。私は秋刀魚をごぼうや梅干し、生姜と煮炊きします。身体に秋が来たよと、知らせるためです。魚屋さんや漁師さんに国産で今日は何がおいしいか聞いてみると愉しいですよ。

子どもたちが大好きな秋鮭は、国産天然をかなり探します。脂っこくない秋鮭は大変おいしいし、日本からなくならないでほしいです。九州にも昔はいたそうですが、今は消滅してしまいました。

そうして、いよいよ、新米の季節。友人たちからのお米のストックがなくなったら、新米収穫まで買い足さずにしのぎます。もうそれはそれは、玄米が食べたくてたまらなくなります。新蕎麦も九州にはあまり入ってこないので、このときは東京が恋しくなります。

豪雨や日照不足といった気象災害も気になります。「今年も収穫できた」と喜びの声を聞くと、よかった、とほっとします。そこから天日干ししますので、「いい具合に乾いた」と友人農家さんたちから連絡がくるのをそわそわと待ちます。

そしてやっとやってきたお米。もう嬉しくてたまりません。袋を開けると、輝くように美しく、手触り、こぼれる音がたまりません。

「お米は一年に1回しか収穫できない」重さです。農家さん、今年もご苦労さまでした。

さあ、いよいよ、今年の新米を炊きます。今年はどんな味だろう？　炊き加減は毎年ドキドキします。今年のお米は水このくらいかな、火加減はこうかな。そうして、食べたときのおいしさ。しばらく絶っているからこその、あの染み渡るような旨みと、肺腑に漲る力強さは、玄米ならではだと思います。

不思議なことに、新嘗祭をすぎると、ぐっとお米の水の吸いもよくなり、おいしくなります。もしかしたら、新嘗祭の後がやはり本当の旬なのかもしれません。

狩猟解禁日もやってきます。お米の収穫の頃、日本人は野生の鴨を捕らえて食べ、寒さに備えたのでした。放牧牛や、野生の鴨など、よい赤身のお肉は、秋冬に向けて助けてくれる力強い素材です。伝統製法の熟成チーズも体質によっては必要な人もいます。

一方、自然農家さんは、大根やアブラナ科の野菜をはじめ、「間引き菜をとる」という膨大な作業に大忙し。この間引き菜が、ミネラルの血中濃度を高めて、寒さと病気に強い身体にしてくれるのです。

秋に食べたいものの例
茄子（初秋）、オクラ、間引き菜、大根とその菜、かぼちゃ、ぬか漬け、味噌、豆味噌、納豆、本葛、梨、ぶどう、蓮根、玉ねぎ、リアスからし菜、栗、きくいも、むかご、秋刀魚、いりこ、ひじき、鯖、太刀魚、しらす、秋鮭、平飼い卵、新米、鴨肉、放牧牛他。

冬

暖冬で、生産現場も大変な近年ですが、本来、冬は野菜の多様性が爆発して、本当に愉しい季節です。かぶや大根だけでも、ひなのかぶ、金町小かぶ、長崎赤かぶ、平家大根、源助大根、小田部大根、紅芯大根など、全国に数百の種類があります。夏に収穫したかぼちゃも、冬至までどんどん旨みがのってきます。いつか、自然栽培の農家さんたちのすばらしい冬野菜を愉しんでください。断面を切るときの音もとても綺麗です。鍋にしたり蒸したり、焼いたり。シンプルでも五臓六腑に染み渡るおいしさ、力強さで、なんともいえない安心感、充実感がわき上がってきます。命を食べるってこういうことかと思います。

冬の料理は、身体を冷やさないことが肝要です。また、この時期は一年の根幹の生命力、身体の強さを高める時期でもあります。週に何度かでも、じっくり長く火入れした料理を食べましょう。

冬は、全般に煮炊き時間を長く、塩分も油脂も少し増やします。茹でてから炒める、炒めてから煮込むなど、2度火入れするのも効果的。身体が冷える豆腐は、湯豆腐に。寒いと固形物が入りにくいので、スープやシチュー、おでんがひときわおすすめです。しっかり味噌などで味付けして、水分で身体を冷やさないように。さらに、冬は乾物も合います。高野豆腐や干し果物など。蕎麦は身体を温めてくれるため、寒い地域の主食になっている素材です。

動物性では、狩猟シーズンに入っています。家畜たちも、生産者さんが愛情をもって、手間ひまかけて育てた命の尊厳をいただきます。

加熱時間が長いメインの料理に対して、少々の非加熱料理も重要です。生野菜のサラダは身体を冷やすため、漬物やプレスサラダでいただきます。ぬか床は塩をふって、ちょっと冷蔵庫でお休み。かわりに、ザワークラウト（発酵キャベツ）、たくあん、白菜漬けの季節ですね。

ごちそうの食べすぎには大根おろし、りんごおろしを。果物は柑橘類が九州は多いのですが、福島はじめ、寒い地域の名人たちのりんごがなんとも恋しい我が家です。

冬に食べたいものの例

かぶと大根とその菜、春菊、しゃくし菜、大和真菜、白菜、ゴボウ、ねぎ、和かぼちゃ、水菜、黒田五寸人参、日本ほうれん草、冬キャベツ、ブロッコリー、カリフラワー、西洋かぼちゃ、柚子、三つ葉、レモン、切り干し大根、小豆黒豆、麩、高野豆腐、本葛、ひじき昆布、蕎麦、たくあん、白菜漬け、放牧肉、八丁味噌、黒ごま、りんご他。

収穫されたばかりの黒田五寸人参。
岩崎政利さんが40年の長きにわたり
自家採種を続けてきた。美しく力強い。

岩崎さんの手が物語ることは多い。兵庫から旅してきた
岩崎さんの岩崎ねぎ。

春になると岩崎さんの畑では野菜の花が次々と咲いていく。種を守る農園だからこその見られる花。

40年種とり農家を続けてきた岩崎政利さん。ご夫婦で80種もの種を守り継いできた。

春夏秋冬、いつ訪れても岩崎さんの
畑は美しく、野菜たちの根が見事。

2013年に移住した雲仙小浜と橘湾。自宅近くの、とけん山の生目神社からの眺め。

在来種の大根の種。誕生から種を残し、老いて死にゆくまで、すべてを守る種とり農家さんのお仕事。

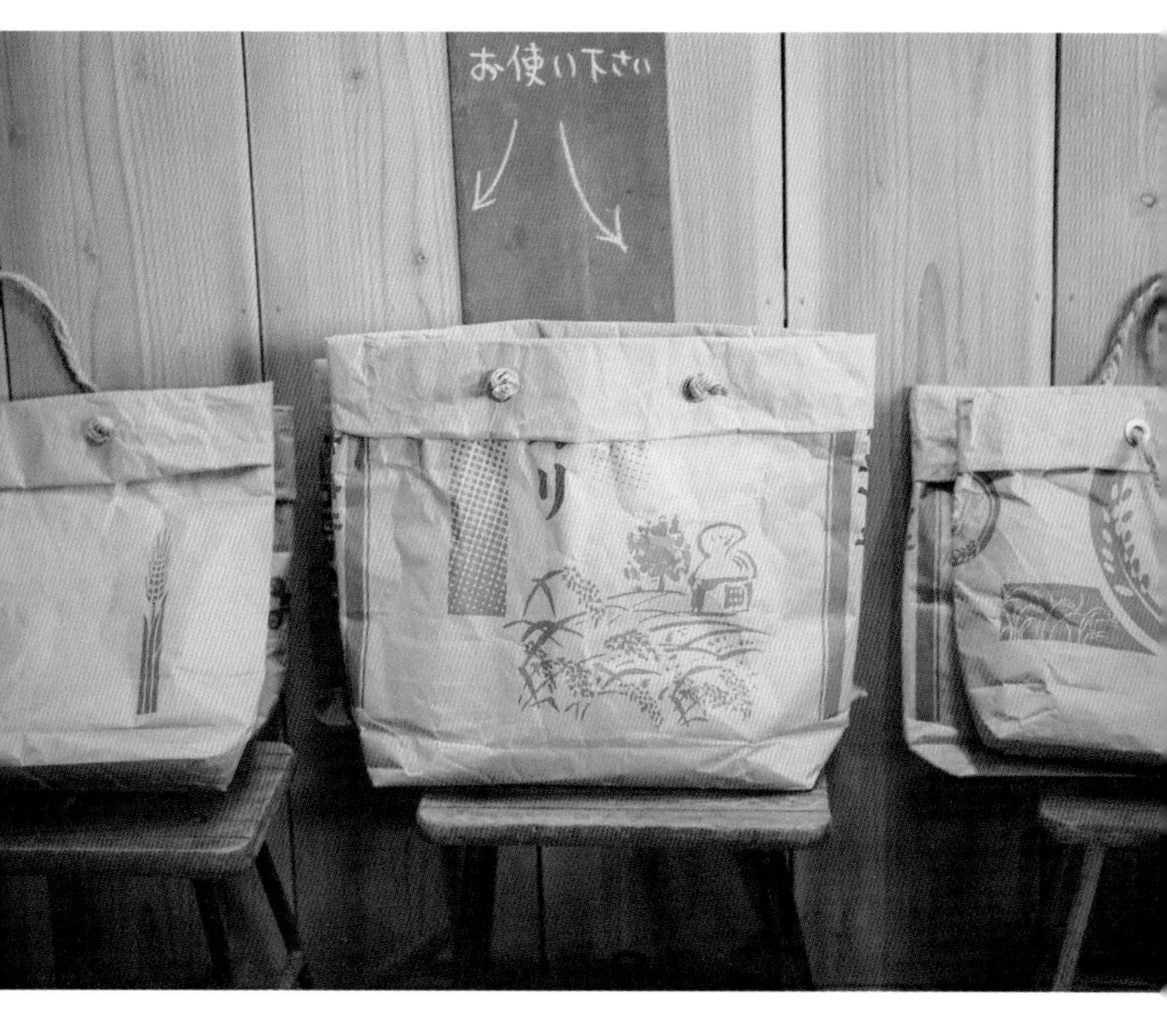

買い物かごを、プラスチックのかごでなく、米袋で製作。雲仙で著者夫婦が始めた市の直売所にて。

著者の包丁。両端「玄海正国」の出刃と小出刃包丁。右から二番目「omoto」の菜切包丁。その左が「COCORO」の万能包丁。

プラスチックを減らすため、プラスチック製の保存袋は、買わずに、食品が入っていた袋を洗って使い回す。

末娘と。奥津家の子どもたちは気軽
に台所を使い、手伝い、台所で遊ぶ。

年の離れた子どもたちが食べやすい
ように3種類のおむすびの大きさで。

上／おかずが少ないときは具沢山にするお味噌汁。切り方を考えるのが愉しい。

下／豆腐と豆乳や、パンの残り、ココアなどでつくった、2層のパフェ風。

岩崎さんの育てた固定種のカリフラワー。美しさに見とれる。ぎゅっと目が詰まってキメが細かい。

家族にとってかかせないぬか床。娘たちに引き継げたら嬉しい。

食べられないほど黒ずんだところだけ、丁寧に取る。

直売所でスタッフとつくるランチプレート。そのとき、
直売所に集まる力強い野菜たちを料理する。

休み時間

たわしで身体をこすりましょう

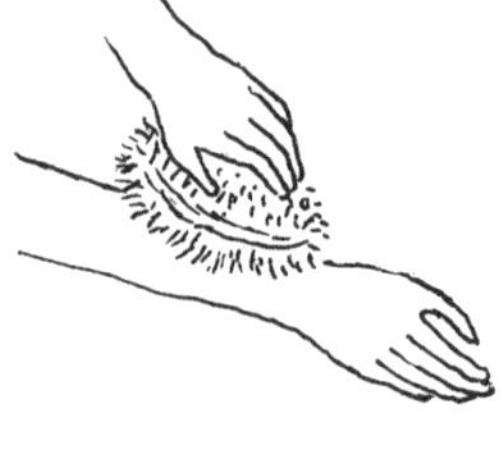

「台所の学校」なのに、コース初回で私がおすすめするのは、バスタイムのたわしこすり。「料理よりまずたわしを買ってきてください!」と断言する私の教室では、生徒さんたちの笑いが溢れるひとときでもあります。

なぜすすめるかというと、そもそも、不調と疲労で料理なんてできないから、ますます具合が悪くなって、一念発起して、私の教室に通ってくださるという方がほとんどなわけです。そういう方が、「料理が大事、そっかやるぞ」で続くのなら、誰も苦労しません。

そこで、まず、たわしこすり。「痛そう」と最初はぎょっとされますが、やると、意外と痛くないのです。何しろ、お肌がすべすべになります。そして、疲れにくくなって、台所に立つ体力が出始めます。

主な効果

○体温が上がる↓疲れにくくなり、家事をしやすくなります。冬も身体が冷えません。新陳代謝もよくなります。

○消化力向上↓よきものは吸収しやすく、負担になるものは排出しやすくなります。

○免疫力アップ↓病気予防や花粉症の改善にもなります。

○汗をかきやすくなる↓体温調節が上手になって、猛暑も涼しく過ごしやすく、熱中症予防にも抜群の効果を発揮します。

○疲れにくくなり、睡眠が深く、朝すっきり目がさめやすくなります。

○むだ毛・むくみ・しみが減ります。

○肌がすべすべつやつやに↓アトピーの人は、患部以外をこすれば、肌荒れが改善します。

○こむら返りがなくなります。

バラバラに見える現象ですが、身体はつながっていることを実感できるでしょう。ちなみに私は顔面もこすっています。頭も、小刻みに動かすと頭皮マッサージみたいで本当に気持ちよく、疲れが取れてラクになります。白髪、抜け毛、枝毛も減りますよ。方法は、湯船に浸かるか、シャワーをたくさん浴びて、皮膚が柔らかくなってから、心臓から遠い場所（手先とか足先）からこすり始めます。疲れているときは、足の裏だけとか、背中だけとか、首だけなど好きな場所だけでも、ずいぶんラクになります。

私は京都の職人の店で買ってきた細めのシュロたわしを今は愛用していますが、最初は亀の子たわしで始めました。今もときどきあの固さが恋しくて両方使い分けています。

健康と台所

5時間目

〜台所から始める元気な暮らし〜

食材という命たちが、台所を通じて私たちにくれる健康と元気

台所の大切な役割は、私たちの健康と元気を育むことです。そして、そのためには、食材たちの健康と元気、いってみれば食材の質のよさ、豊かな自然環境が必要です。

「台所の学校」では、栄養学を学ぶわけではありませんが、全国からたくさんの生徒さんが来てくださり、健康を獲得していかれました。教室では、食べ物を人体や命として捉え直し、私たちの先祖が役立ててきた、東洋の視点で見つめ直します。

台所自体が学校のような面白いところだと思います。生活全体に役立つ視点がたくさん得られます。おいしいと元気には、食材の「種類」より「質」が大事ですが、身体に必要な食べ物は、気候環境やその人の年齢や属性でも変化していきます。

忘れたくないことは、食べ物は命だということ。何が良い悪いと裁くのではなく、感動と理解を深めるのが、健康の要だと思います。

一物全体

本題の前に、復習からです。健康には、体温を目安に食を組み立てていくこと・たわしこすり・運動・台所に立つこと、がまず大切です。その上で、「一物全体（いちぶつぜんたい）」という視点は役立ちます。人間だけでなく、食べられる素材たちにも地球にも、よいと思われる法則です。

余談ですが、「一物全体」という言葉は、食養の世界で有名なわりに、解釈と位置を与えられていません。おそらくは「一つは全体で一つ」と「一つ・部分は、全体・世界を表す（細部に神は宿る）」という対立する二つを意味し、それ自体、東洋哲学の根幹にある、「対立相補する全体」の意義かと思われます。

さておき、実際の台所においては、「丸ごとの割合を増やす」が大切です。具体例として、玄米をとりいれる。皮ごと食べられる農薬不使用の野菜や梅干し、小豆、ごま、海藻を食べる。お魚もアラや骨でだしをとったり、揚げたりすればおいしくなります。肉類も、胸だけ、ヒレだけではなく、できるだけ全部調理できたら、美しく屠殺数も減らせます。パンや麺も全粒粉を取り込んだものが理想です。ただし、つくる過程にも意味がありますから、粉砕した粉食は週に数回にしましょう。優れたパン・麺職人は、粉たちをきちんと見て、プロセスを大事にしています。

「一物全体」の効能は、身体全体と血液循環がよくなっていく、重心や体幹バランスがよくなると考えられています。

反対に極端な「部分食」は、添加物や薬品です。原材料のごく一部の抽出合成は、特定の部位に作用し、大変強い効果を発揮します。短所は副作用が強く、身体全体の負担が把握できない、製造過程の環境負荷の不明さです。

一般食では、精白炭水化物、お酒、お菓子、豆乳や砂糖、油、珈琲などは部分食です。生産にエネルギーが要り、嗜好品の喜びが強く、適量なら、食の喜びを満たしてくれます。

一方で、あまりに全体食ばかりの料理では、繊維やアクが多すぎて、消化不良に陥ったり、満足感が少なくなりがちです。

部分食を選ぶときは、「時間をかけてゆっくりと製造されたもの」がポイントです。そんな部分食なら「一部に全体」があり、おいしく、負担になりにくいです。しかし、薬品抽出などの手法で時間を省けば、部分食の害が大きく出ますから気をつけましょう。

何よりもシンプルに「台所でつくる」を増やせば、部分食は自然と減ります。

また、気持ちの面でも、「部分」の視点ばかり、つまり、自分や他人の欠点だけを見たり、人の一部を見て妬んだり評価すると愉しくなくなります。人生も人格も、良いときも悪いときもあるのだと感じて、今に集中できると愉しいです。台所では、このように命の取り入れ方から学ぶことも多くあります。

身土不二

健康を願うとき、もう一つ助けになる法則が「身土不二（しんどふじ）」です。私たちの「身」と生きる「土地」は不可分で、2つに分けられないという意味です。食養として意訳すれば、「生きる土地に生育したものを食べましょう」になります。また、それぞれの土地の環境には「時」も含みますから、「旬のものを中心に食べましょう」「自然な時間で変化したものを食べましょう」という意味があります。つまり、これは生きる土地の環境に適応し、体調を崩すことが少なくなる、という知恵です。

野生の生物に、飢えの厳しさはありますが、文明人やペットのような生活習慣病はありません。彼らは、行動範囲のものしか食べません。反対に、私たちは文明の力で一度の食事で、世界中のありとあらゆる土地の産物を口にできてしまいます。

加工品が増えたことは、食材の出身地をわかりにくくしました。お惣菜で「切り干し大根の煮付け」と「肉うどん」を買ってきても、そこに含まれるアミノ酸調味料、油、醤油、香料がどこの何からできているかわかりません。地域の呼び名がついているうどんも、材料の小麦自体は外麦です。家畜や彼らの飼料の原材料まで考えると、一度の食事でロシア、アメリカ、韓国、オーストラリア、エジプト、タイなど何十カ国の土地に適応することを、身体に求めています。

人間の身体は非常に高度ですから、食した物から、ある程度は必要な栄養を消化吸収し、不要な物は排出調整できます。皮膚や目・感覚器から入る風景、外気温、湿度、気圧といった情報から、環境に適応する能力を持っています。しかし、身体の内側に入ってくる情報と外から得る情報にあまりに差がありすぎることは、疲弊と不調の原因になると食養では考えます。これらを解決するのは意外とシンプル。台所で手料理を増やせばいいのです。

手づくりすると結局、市販のタレなどを使いすぎなければ、原材料はシンプルになります。材料の数も加工品より減らせますし、材料の出身地も選べます。加えて、料理する過程で、食材を視覚・嗅覚・聴覚・触覚と多面的に身体全体でゆっくりと吸収できます。買って食べると、食べた気があまりしません。つくると、それだけで食べた気になって、食べる量が減った経験はありませんか。

旬については、日本は南北に長いですから、作物の幅と旬が大変細やかです。まずは、暮らしている地域、例えば関東なら関東を土台にしてみるだけで、ぐんと買い物が変わるはず。住まいの地域汚染にも真剣になり、農家さんや第一次産業の方が気になってきます。地元のものをベースに、そこではとれない遠くの作物を補助的に加えれば、人間らしく、豊かで自然です。環境負荷も私たちの身体の負担も減らせると思います。

食事のバランス

食事のバランスは、やはり重要です。一番大事なのは、「質と調味料、調理の仕方」ですが、それでも、素材のバランスの影響力は大きいものです。

私が2017年から提示している現在の日本人におすすめの一日の食事バランスの図を左ページに示しています。

一日の食事の基本バランスです。自身に合わせて調整していただければよい、実に「ゆるい」図です。しかし、生徒さんたちの体質改善に役立っており、「ゆるいから逆におおまかに実践しやすい」と、大変好評をいただいています。

次のAからDの4種類を一日25%くらいずつ、だいたいの目安で食べるといいです。他に、EとFはCとDに組み込まれている要素とします。

A：穀物
B：スープ
C：野菜
D：タンパク質
E：海藻とごま他
F：発酵食品（ぬか漬け他）、伝統調味料、
梅干し、ゆかり、ごま塩他

1日に摂取したいバランスの提案

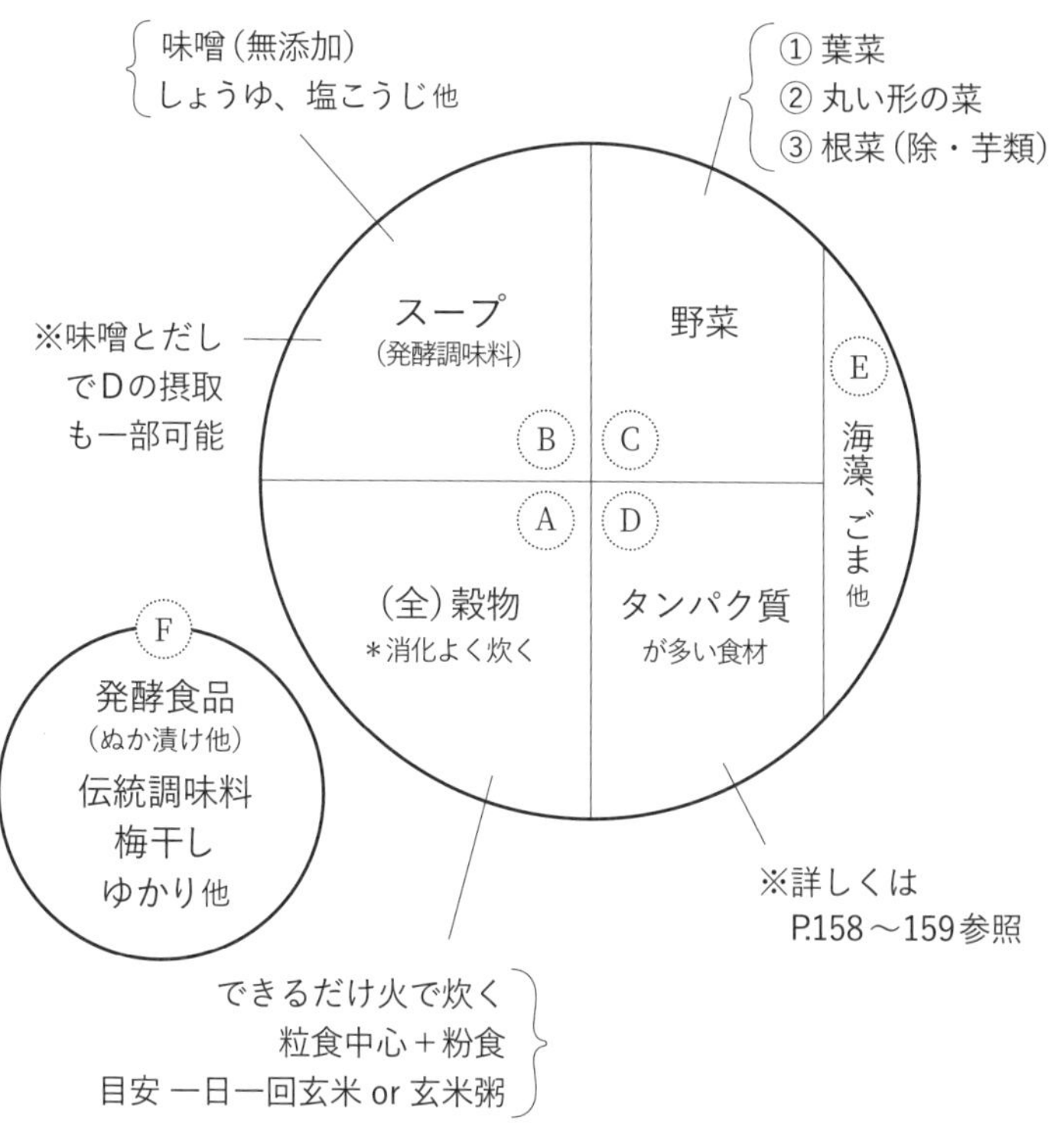

1週間の必要調整と嗜好品

肉類、ナッツ類、季節の果物、良質のスイーツ、紅茶、緑茶、ナチュラルワイン 他　※すべて良質のもの

A：穀物を主食に

「一物全体」の観点から、粒は必ず玄米や未精白を取り入れ、また分づき米などを主食にします。できれば、火で炊くとおいしく、元気が出ます。麺類やパンも、全粒粉が混ざっているとなおよいです。

B：スープ

一日に1〜2度、発酵調味料を用いたスープをぜひとってください。血液の状態がよくなります。また、朝晩の食事は塩気のあるスープから始めると、胃の働きがよくなり、消化がよくなります。反対に食前にお茶を飲んで胃液を薄めないようにしましょう。

C：野菜

旬の、できるだけ自然に則った育て方の作物を、野草も含め、いただきましょう。東洋の考え方をメインに、できれば一日3種類の野菜をおすすめしています。

一つ目は、葉菜類。大根菜、小松菜、水菜など菜っ葉類。オクラも加えましょう。

二つ目は、根菜類。大根、かぶ、ごぼう、人参、自然薯など。

三つ目は、丸い甘みのある野菜です。キャベツ、玉ねぎ、かぼちゃ、かぶ、カリフラワー、ブロッコリー、蓮根など。夏はトマトやきゅうりといった野菜もおすすめ。

D：タンパク質

タンパク質を多く含む素材のメインは、消化のよい豆製品と旬の平飼い卵、地域の旬の白身魚、またはいりこや鰹節、青のり、あおさ、ひじき、ごまなど。常食向けの豆製品は、小豆、黒豆、にがりを用いた消泡材不使用の豆腐、本納豆、味噌、高野豆腐。脂質の多い豆製品や豆乳は、補助とします。

E：海藻とごま

毎日か二日に1回、わかめか少量の昆布をおすすめします。スープのだしに使った昆布を刻んで具にしてもよいです（子どもと高齢者は、昆布は無理に食べないこと）。

ひじきやあらめは週に1〜2回。あおさ、海苔、めかぶ、青のり（淡水のもの）といった海藻も食べましょう。欠かせないのはごまで、週に何度か取り入れてください。

F：発酵食品（ぬか漬け他）、伝統調味料、梅干し、ゆかり、ごま塩他

大変重要な脇役たちです。湯茶は番茶や桑茶、麦茶などノンカフェインのあたたかいもの、白湯含め、煮出して冷ましたものがおすすめです。番茶や桑茶は身体が冷えず、麦茶は適度に夏の熱を逃がしてくれます。

【1週間で0〜数回、体調に応じて摂取する】

・赤身魚、青魚、肉類、果物
・カフェインを含む無農薬の家で淹れるお茶類（緑茶、紅茶）
・体質に応じて、自然な発酵乳製品
・ナッツ類（減農薬、茹でるなど）
・ナチュラルワインや伝統製法の日本酒、みりん、伝統製法のビールなど発酵酒類

タンパク質のバランス

左ページの図は、素材の組み合わせ方のおすすめです。①の図の三つのグループ（由来タイプ）を最低一つずつ1〜2日で。一週間の食事では、②の例のように海由来と山陸由来の両方が入っているとよいです。タンパク質・必須アミノ酸に加え、ヘム鉄と非ヘム鉄や亜鉛などミネラル類、油脂などのバランスがよくとれます。

すると、少量ずつしかタンパク製品が摂取できないときも、効率的に造血造細胞され、食べすぎたときも（連日でなければ）分解排出しやすいです。ただし、前提の必須の食材（次の3点）は不可欠です。

・味噌汁または発酵調味料スープ
・消化よく炊いた玄米ごはん（少量も可）
・ぬか漬けなど微量栄養素の多い発酵食

タンパク質のとり方として、必須アミノ酸をすべてとることが、重要だといわれています。しかし、アミノ酸スコアが100の大豆は、消化はあまりよくありません。あくまでも私の経験則と観察に基づいた意見ですが、次の三つが大切だということがわかってきました。

・飼育のされ方などの質と調理の仕方
・下処理
・組み合わせや摂取の仕方

①1〜2日（3グループの例）		
追うグループ	採取グループ	人の手グループ
肉 魚 （いりこや 鰹節 他）	豆 きのこ ひじき ごま 貝 卵 （ヤギの乳）	豆腐 鰹節 塩辛 納豆 ぬか床 （チーズ）

②1週間のバランス	
海の例	山陸の例
魚 いりこ、 鰹節他魚の 加工品 ひじき	豆 ごま 平飼い卵 放牧等肉 （チーズ）
豆腐	

③の表は、今の自分の体調に合わせたタンパク質をとり入れているかを確認するためのものです。ただし、必要な食べ物は日々変わります。「赤い」ものは、平熱が低い、肌が荒れる、関節が硬い、気持ちがすぐれずに悩みが強いなどのときにとり入れたいもの。「白い」ものは、平熱は高いが、体臭や尿の匂いが強い、生理痛が強い、筋肉質すぎて身体が硬いなどのときにとり入れたいものの目安となります。

③体質	
赤	白
小豆 卵黄 鰹節 いりこ たらこ まぐろ 赤肉 他	大豆 卵白 しらす干し 白子 白身魚 鶏 他

健康食の要

同じ料理でも、「つくる」「買って食べる」では大きく異なります。健康の第一の要は、「何を」を考える前に、食生活に台所があるかどうかだと思います。頭と情報とお金を動かすことが、一日のすべてになりがちな現代社会。だからこそ、身体と手、五感を働かせ、作物を通して自然に触れる台所仕事が必要なのです。それが、健康の助けになるでしょう。

料理は、保健体育の時間で、理科、社会、哲学、美術、家庭、音楽の時間でもあります。段取りや片づけなど、さまざまな力も養います。音、香り、造形と台所で次々に生み出され、食材は死を得て、私たちに生まれ変わる。台所でつくる人がいるとき、つくらない人も、これらの気配や音、風景に身をおけます。これはとてもあたたかな土台です。

続けて第二の要は、食材は種類より圧倒的に「質」が重要です。そのことを意識すると、多少食べすぎても、愉しく元気いっぱいでいられます。そのことを意識すると、多少食べすぎても、愉しく元気いっぱいでいられます。「質」がよければ、料理はシンプルでかまいません。素材そのものを活かす簡単な料理はとてもおいしいく、時短にもなります。そして、つくる過程も愉しいです。

よい素材を手に入れることは、現代では大変かもしれません。でも、自分で育てるより何倍もラクです。自然界の視点で考えてみると、食を得るためにある程度困難があるのは当然のこと。台所から社会や自然を捉えると、世界が広がり、見る目を養えます。そして、素材や料理を「良い悪い」で裁かず、シンプルに「食べ物は命である」という事実を受け止めることから始めましょう。

質のよい素材は、食べるだけで身体の歪みが整ってきます。さらに、血液の成分のバランスも適切になり、内臓や皮膚が調い、体臭や排泄物が変化します。余剰な水分や余剰な脂質を含まないため、多少食べすぎても身体が冷えません。よく育てられた野菜は、傷むのも遅く、夏でも冷蔵庫で冷やしすぎなくても丈夫です。洗うと、ぱりっと水をはじきます。また、元気いっぱい動き回れたお肉やお魚が含む油脂は、胃もたれがなく、身体に負担がありません。

このような食べ物たちは、生産者さんたちの誠実さと技術、手間ひまで成り立っています。食べ物を丁寧に吟味することは、決して「高級食材を買い集めてください」という意味ではありません。よさそうに見える素材でも、実はあまりよくないものも、残念ながら多いです。「有機ＪＡＳ認証」という野菜にも、こだわる必要は全くありません。

台所で、少しずつ毎日のごはんをつくることで、手繰り寄せられる生産者とのご縁があります。時間をかけて、ゆっくりとご縁に支えられる台所を育ててください。

お米を育てる農家さん

火で炊くぞ、と思うと、玄米選びも大切になってきます。変な例えですが、恋人を選ぶときに、本気で年収だけとか、身長だけとか「数字」だけで頭で決める方って、実はあまりいないと思うのです。お米や食材選びも、同じように考えればいいのです。値段やカロリーではなくて、彼らの物語、育ての親の哲学や背景、人柄ならぬ米柄で見てみませんか。

私の大好きな友人の米育ては、とてもかっこいいです。農薬という薬が不要なように、つまり雑草や虫に負けないように、お米を強くすることが肝要だそうです。友人の米育ては、徹底してお米を甘やかしません。だから、有機肥料すら、簡単には与えません。これは、けっこう精神力がいると思うのです。だって、異常な雨不足や困難に倒れそうになる稲、例えるなら泣きべそをかいている我が子であり、収入源でもある稲をじっと見守るのですから。

でも、やみくもに与えないのではなく、前年の雪の降り方や水、土の養分を見極めて、本当に必要なときは与えます。そんな友人の稲は、ある年の災害でお隣の田んぼの稲が全部倒れたときすら、すっくと立ち続けていました。引き締まってやや小粒な実(お米)で、えも言われぬおいしさです。炊きやすく、食べると身体中に気が漲ります。

もう1組の、大好きな夫婦がつくるお米は、これまた、無農薬天日干しでこちらも感動するおいしさです。食べると、ぽかぽかと、お腹の中から日向ぼっこしたように、心も身体もあたたまります。

どちらの農家さんも、田んぼにやってくる水のために、その上の林や山の手入れから始められます。干し方も気持よく、稲たちが日向ぼっこしているよう。その風景は壮観です。

お米を探すとき、おすすめは、そんな天日干しのお米です。どうか、真面目にそして気楽に台所に立ってください。不思議と、農家さんとのご縁がつながっていきます。お金とお米の交換を通じて、感謝と信頼、尊敬や幸福を交換できるのがいいなと思います。

お米の品種選び

健康を目的に玄米ごはんを食べてみようと思ったら、品種選びが大切です。

炭水化物には、アミロースとアミロペクチンの2種類があります。アミロースが多いほど、さらっとしていて、タイ米に近くなります。一方、アミロペクチンが多いお米は、もちもちとします。アミロペクチン100%のお米はもち米です。

現代の主流は「コシヒカリ」に代表される

アミロペクチン多めのもち米に近いタイプ。冬や消化力のある方にはいいのですが、毎日食べると、胃もたれ、頭痛、アトピーが悪化する方などがいます。でも、冬にときどき食べるともっちりして、とってもおいしい。

万人の方に常食向きなのは、アミロースがある程度含まれた、ササニシキなどあっさりしたお米です。

品種だけでなく、栽培方法によっても身体への影響は変わります。化学&有機肥料でとても太った機械干しササニシキ(あっさり米)より、自分の土地で種とりし、肥料控えめ、稲の間をあけた天日干しコシヒカリのほうが、消化しやすいこともあるのです。

そのため、品種以上に、「天日干し」を目安にしていただけたら。天日干しなら、機械干しのお米より消化がよくなり、身体への負担は少なく、いい影響が多くなります。それに、手間がかかり、効率が悪い天日干しを選ぶような農家さんは、「お米本来の姿に育てて、人に食べてもらいたい」と願っている方がほとんどです。

食べ物であるお米を「これが身体に良い悪い」と評価区別するのではなく、違いを理解して、炊き方を変えて、「いかす」工夫がいいなと思います。

なお、我が家は、ササニシキの玄米を中心に、ヒノヒカリを分づき米で食しています。他にも、ホウネンワセ、澤の井、あさひ、農林1号など、友人たちが育てているさまざまなお米を嬉しくいただいています。

動物を食べるということ

ここで少し宿題です。みなさんが召し上がっている、食に含まれる動物たちは、どんな風に生まされ、飼育されてきたか、調べてほしいのです。卵を産まないヒヨコの雄が、どう「処分」されるか、雌の鶏はどう飼われどう殺されるか、放牧家畜は非常に少ないこと、日本の豚の主流は、身体と同じ大きさで向きも姿勢も変えられない狭い檻で、出産を繰り返させられて生まれてきたことなど、知らない方がほとんどだと思うのです。

一方、生き物の飼育ですから、糞尿の世話の大変さや旅行にも行けない厳しいお仕事で社会を支え、中には、苦労を厭わず愛情をもって世話をなさる方もいらっしゃいます。

私自身は、2017年に、20年続けたベジタリアンをやめました。生徒さんと自身の、健康への必要な変化を認めたからです。「食べない」から進んで、種とり農業のように動物に向き合う畜産農家さんとつながる台所のほうが、結局幸福を増やせるのではと思うようになりました。

「死」そのものは、自然なことで悪いことだとは全く思いません。けれど、自分たちの便利快適のため、声をあげられない命に、暴力と苦痛があることを知ってもらいたいです。

調味料

これまで教室では、まず調味料を変えることを入口におすすめしてきました。調味料がよければ、簡単でもおいしい料理ができます。血液への浸透も早く、一杯のおすましや手づくり梅醤番茶で、頭痛や腹痛、震え、かゆみ、吐き気、子どもの不機嫌などがおさまることがあるのです。さらに、肌の調子や味覚がよい方向に変わっていくのも嬉しいです。

しかし今、社会は変わり、よき調味料の入手は非常に困難になりました。

自然食品店のものや高価だからとよいわけでもありません。そこで数年かけて、探していただけないでしょうか。必ず出会えます。今はかろうじて残っている技術や蔵が、受け継がれますように。

選び方のポイント

—塩

2種類常備することをおすすめします。一つは、調味自体に使う塩。本当に好きな信頼できる塩を。もう一つは、パスタや野菜を茹でたり、きゅうりを塩揉みしたり、お魚の下処理に使う塩。高価すぎないけれど、信頼できる塩を。外国産では、北半球で採取した海水から取れる塩である「海塩」がおすすめです。

—醤油

2種類あると、味が決まりやすいです。例えば同じ醤油で小さじ2入れるより、薄口と濃口の2種類、小さじ1ずつ加えたほうが濃くなり、味わい深くおいしいです。

—味噌

丸大豆・麹（米や麦、豆）・塩だけが原料のものを選びます。穀物麹の味噌（麦味噌・米味噌）と豆味噌（八丁味噌）の両方揃えることをおすすめします。

—油

同じ素材でも、油で風味が変わるので、2種類あると愉しいです。伝統圧搾製法のごま油とオリーブオイル（輸入品）、揚げ物用の少し安い油があると実際的です。

—料理酒やみりん

無添加の酒やみりん、開封して長く呑まれなかった日本酒を使っています。

—甘味料

糖度が低く、穏やかで料理にコクが出る米飴が大変重宝します。他にきび砂糖、メープルシロップを常備し、甘酒をつくります。

—その他

手づくり、または市販の梅酢とバルサミコ酢（無添加長期熟成）、米酢、白・黒こしょう、からし、唐辛子、スパイス、マスタードなども生産者さんで全く異なる味わいです。

薬膳

崩しません。崩してもだいたい自浄作用なので、不調のおかげで元気になったりします。ちょっと体調が不安だな、というときも、薬膳で手当てすれば、安心です。

薬膳は、副作用がないこと、ごみが出ないこと、環境を汚さないことが魅力です。手料理のようであり、家族が心配してつくってくれる気持ちが嬉しくて元気になる面もあるかもしれません。ただし、「早く治れ」という要求になると、自分にも家族にも逆効果なので、気をつけましょう。

症状と体質に合っているかどうかは、シンプルに「おいしいと感じるかどうか」が一番頼りになります。合っていなくても、そればかり飲み続けない限り、ほとんど負担にはなりませんから、安心です。

ちょっとした不調や予防に役立つ薬膳、実はたくさんあります。自分や家族が病院に行く回数を減らせたら、とても助かりますよね。ここでは、伝統的な薬膳と手当て、足湯のやり方などを「台所の学校」でお伝えしている独自のアレンジを加えてご紹介します。

普段から食と暮らしで、体温を高め、代謝をよくし、不自然なものを減らし、家事を通じて歪みを整えていると、めったに体調は

足湯のやり方

風邪をひきそうだな、というときにやっておくと防げることが多いです。体温が左右の脇で差がある人、風邪や感染症にかかりやすい人、嘔吐しやすい人、疲れやすい人、よく眠れない人、咳き込みがちな人にもおすすめです。

道具

・湯
・温度計
・湯船またはたらい
・タオル
※上半身が冷めないように被服など寝具を整え、寝る支度をしておく

方法

①湯船や桶に湯をはって、40〜42度にする。
②両足を浸す。足首まで浸す、または、ひざ下まで浸す。
③あたたまってきて、足がピンク色になってきたら、1度両足を出してみる。調子が悪いと片足はピンク色にあたたまっているが、片足は白く冷たいはず。
④あたたまったほうの足は出して、もう片方の、冷たい白い足を再び湯に浸し、かつ、熱い湯を注ぐなどして、湯の温度をもう少し上げる。
⑤④で冷たいほうの足だけ、1分ほど浸す。
⑥拭き取り、冷めないうちに軽く足を揉んで、そのまま休む。
※この足湯は、野口整体の知恵がもとになっています。

第一大根湯

外殻はタンパク質です。分解できれば壊れて、あとは身体が処理して、発汗・排尿・排便・呼吸で排出できます。

身体に有益なタンパク質は、消化分解され適宜吸収されます。しかし、有害なタンパク質（ウイルスなど）は、異物として分解、排出されます。これが、薬ではなく薬膳のよいところですね。ただし、乳幼児には直接飲ませないでください。乳児は母親が飲み、母乳を通じて解熱などに影響させるとよいです。

3〜6歳はスプーンで数匙、嫌がらなければ飲ませても大丈夫です。小学生以上は、体格にもよりますが、嫌がらなければ飲ませても大丈夫。

体力が落ちている高齢者には負担になることがありますので、気をつけてください。

代表的な薬膳です。風邪のひきはじめ、治らないインフルエンザの改善などに期待できます。ただし、心臓の異常と胃の不調由来の高熱にはあまり向かないです。呼吸器や免疫疾患由来の高熱などにおすすめ。

大根と生姜をおろすことで増える酵素の力で、発熱や不調のもとである老廃物としてのタンパク質・脂質を分解し、汗や尿、呼吸で排出させます。インフルエンザウイルスも、

第一大根湯のつくり方

材料

・大根のすりおろし —— 大さじ山盛り3
・生姜のすりおろし —— 小さじ1～2(大根の1割くらい)
・無添加熟成醤油 —— 大さじ1～
・熱々の棒番茶 —— カップ2

準備

すぐ眠れるように寝間着に着替え、寝具を用意しておく。

つくり方

丼に、大根おろし、おろし生姜を入れ、醤油を入れ、熱々の番茶を注ぐ。飲める限界量を飲んで、すぐ寝る！

(睡眠とその間の発汗がポイント！)

こんなときにおすすめ

風邪、インフルエンザ、発熱(特に夕方から夜にかけての高熱)、咳、中耳炎、膀胱炎などの症状に
以下の不調には、量は半量程度でも可
花粉症、偏頭痛、鼻づまり、肩こり、便秘、痰、胆石、子宮筋腫、更年期の不調などに

注意

原則として、一日1回まで。ただし、一日の合計摂取量がカップ2前後までなら可。つくり置きはできない。

梅醤番茶

例えば、皮膚が急に荒れた人、目がかゆくなった人が、1杯の梅醤番茶で、症状が7割くらい軽減されることは、よくあります（この場合はBが多いです）。加えて、血液を通じて、内臓の不調にもよく、慢性疾患も食事と合わせると改善が見られます。

乳児は、母親が飲み、母乳を通じて影響することはとてもいいです。Aは中高生以上におすすめ。特に女性に必要なことが多いです。高齢者もAが合うことは多いですが、B＋生姜汁も喜ばれます。

※注　A、Bの呼び分けは、「台所の学校」organic base 独自のもので、食養やマクロビオティック業界の言葉ではありません。またBは、「台所の学校」のオリジナルレシピです。

A、Bどちらがよいかは、飲用者の体質によるので、症状で分けられません。生姜の酵素や梅干しの分解する力、体温を上げる成分、梅干しによって吸収を助けるミネラル、番茶の洗浄作用などが相まって、食事より吸収がよく、血液やリンパの状態を素早くよくしてくれます。

血液やリンパの状態による一時的な不調は多いので、その改善には、即効性があります。

梅醤番茶のつくり方

● 梅醤番茶 < A >

材料

・無添加熟成梅干し —— (小) 1個
・無添加熟成醤油 —— 小さじ 1/3 〜 1/2
・生姜の絞り汁
・棒番茶 —— 約120cc

つくり方

梅肉を包丁の背側でたたき、すり鉢に入れて生姜汁、醤油とすり合わせる。熱い棒番茶を加えて、混ぜて飲む。

● 梅醤番茶 < B >

材料

・長期熟成梅干し
・長期熟成醤油
・清潔な瓶 (高さ13cm程度がつくりやすい)
・棒番茶

つくり方

①梅肉を粗く取った種 (洗わない) を、清潔な瓶に入れる。
②種が高さ7cmくらいになったら、9cmくらいまで醤油を注ぐ。ときどき清潔な箸などでかき混ぜながら馴染ませる。通常は蓋をして、室温で2週間以上置く。
③とろっとしたら完成。湯呑みに②を小さじ1〜3取り、熱々の棒番茶を120ccほど注ぐ。

生姜湿布

○おすすめの患部
・肩
・腰（腎臓の上辺り。寝そべった姿勢で）
・膝、肘、顎
・指や関節が痛む場合は、その箇所

※注意・重要
当ててはならないところ
・目（頬や鼻は可）
・妊婦さんのお腹（腰や肩は可）
・頭部（首は可）
・がんの患部（特に乳がんやリンパ系）
※患部でないところをあたためるのは可
・両手、両足を一度に浸けない
・火傷に注意！
・新生姜は効かない

寒い季節のほとんどの不調に効果を発揮します。生姜の体温を上げる作用、血流を促す作用、体内の有害成分・老廃物を分解排出する作用、肩こり・腰痛・膝痛・疲れ目・偏頭痛・筋肉疲労など、さまざまな不調の改善に役立ちます。

腰をあたためるだけで、足先や指先といった離れた部位までよくなるのかと、身体の関連性に感動していただけたら嬉しいです。

生姜湿布のやり方

材料

・古生姜 —— 40g 前後　　・湯 —— 800cc
・タオル２枚以上、ガーゼ、丈夫な菜箸など

方法

①生姜は皮ごとすりおろし、ガーゼで縛る。
②湯は90度にして、①を入れて、5〜10分煮出す。
③タオルの真ん中を浸して、絞る。
④広げてたたみ直し、患部に当てる。もう１枚タオルをのせて、できれば、補助者が、手をのせるとよい。
⑤冷めてきたら、もう一度浸したタオルを絞ってのせる。
⑥患部がピンク色になるまで、２〜3回繰り返して交代。

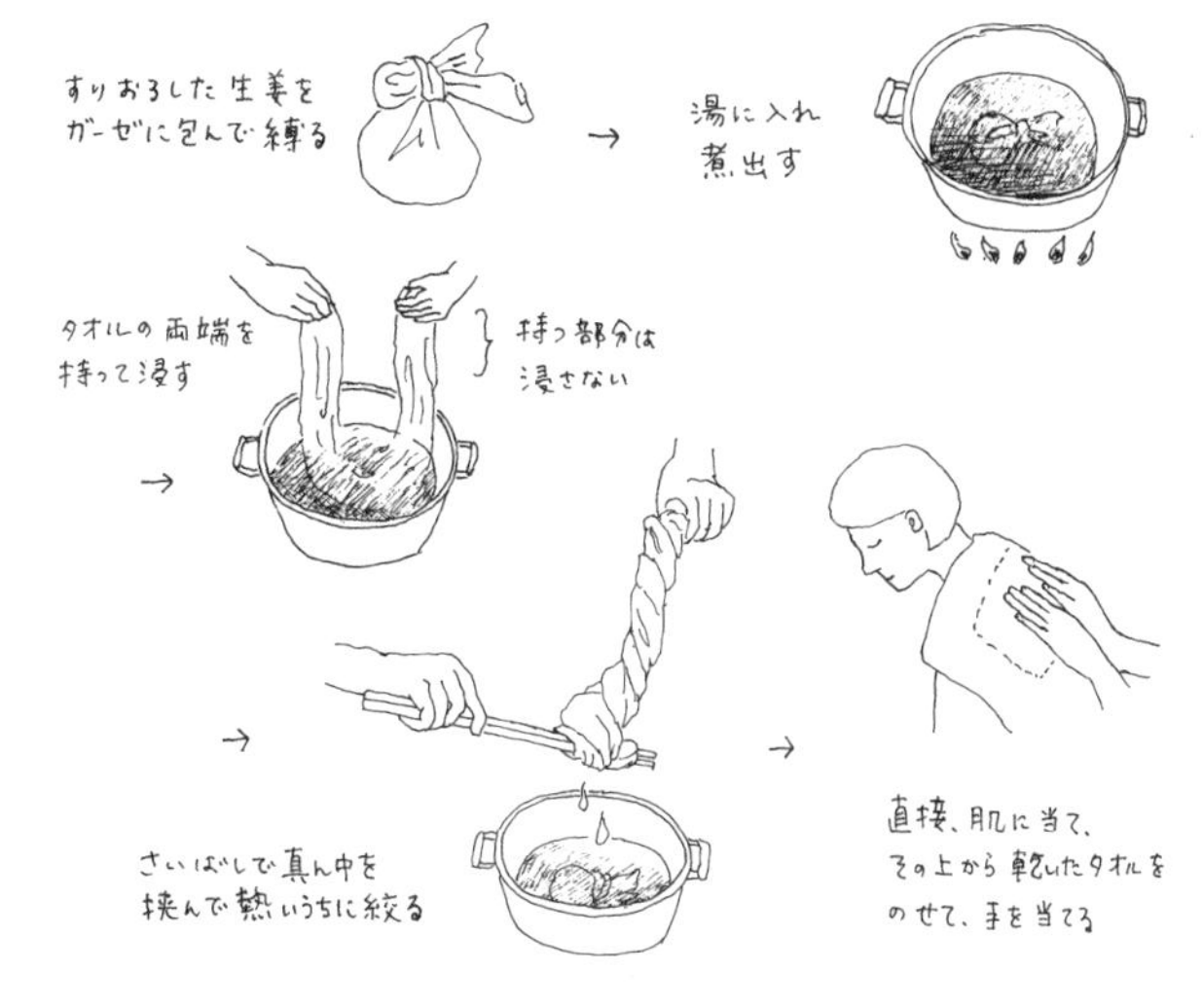

本葛湯

整腸作用、解熱発汗作用がある本葛粉。各家庭に常備していただきたい素材です。薬効が高いのに、味が柔らかくておいしく、子どもも好むので、子育て中、何度助けられたかわかりません。

民間療法では、化学物質、有害物質の排出に役立つといわれています。つわりのとき、食欲不振のとき、病み上がりのときなど、弱っているときにも心強い味方です。特に不調がなくても、週に1~2杯飲むことをおすすめします。丈夫さが強まってきます。

葛粉を買う際には、馬鈴薯澱粉が「本葛粉」として販売されていたりしますので、原材料に「葛」と表記されている、粉末状ではなくブロックタイプのものをおすすめします。

みかんジュースの本葛湯は、つわりのときやＰＭＳが辛いときなどにおすすめです。

りんごジュースの本葛湯は、子どもが好きな味で微熱や軽い風邪、食欲がないときにおすすめです。解熱発汗、整腸作用があるので、咳が気になってきたとき、便秘、下痢気味、寝苦しそうなときも、役立ちます。

生姜の本葛湯は、大人におすすめ。外食が続いたとき、疲れたときに、食前や寝る前に取り入れるといいです。

本葛湯のつくり方

● みかんジュースの本葛湯（2～3杯分）

材料

・水 —— 150cc
・本葛粉ブロック —— 約大さじ 3
・ストレートみかんジュースまたは絞り汁 —— 250cc
・米飴 —— 大さじ 1程度（または甘酒他穏やかな甘味料）
・自然海塩 —— ごく少々（2～3粒でも）

つくり方

①本葛大さじ 2を同量の水で溶く（分量外）。
②分量の水を小鍋で沸騰させ、素早く混ぜながら①を注ぐ。数十秒素早く混ぜ続け、ダマにならず溶けたら、火を弱め、ときどきゆっくり混ぜる。白濁が取れてきたら、とろ火でゆっくり混ぜ 4～5分煮る。
③火を止める少し前に、みかんジュースを注ぎ、米飴や穏やかな甘味料を適量と自然海塩 1～2粒を加えて、味を調える。

※りんごジュースの本葛湯をつくる場合は、③で梅酢や米飴を加える。自然海塩も1～2粒を加えて味を調える。
※生姜の本葛湯をつくる場合は、おろし生姜（小さじ 1/2）を加え、器に移した後で、長期熟成醤油（数滴）、小ねぎ刻み（少々）を加え、混ぜながら食べる。

どくだみ

初夏の頃、どくだみの若い新芽をせっせと摘みます。蚊除けスプレーをつくるためですが、蚊が出るところほど、生えてきてくれるそうで、よくできているなあと感心します。

甘い飲み物や食べ物、甘いスポーツ飲料、果物はとりすぎると虫に刺されやすく、治りにくくなります。わかってはいても、暑いと水分と甘みしか入らないというときはあるもので、そんなとき、どくだみ水があると、とても助かります。

娘が、塗り忘れた指だけ刺されていたことがあるほど、効きます。刺された後も、塗ると消炎作用があって助かります。

どくだみ茶は、年をとると大変おいしいです。ついつい嗜好品、カフェインが増えて、血液や体内が汚れてきているなあ、シミが増えそうだなあと思う頃に、どくだみと梅が実っていると、本当にありがたいです。どくだみ茶も梅干し(特に煮物に使う)も、美白作用があるのです。つまり、それは血液の状態がよくなった、代謝がよくなったという証し。

心臓や肝臓、子宮なども助けになります。美容だけでなく、高血圧や内臓に不安があったり、白目が濁っているという方にも、どくだみ茶はおすすめです。

どくだみのお茶と蚊除けスプレーのつくり方

● どくだみ茶のつくり方

材料

・どくだみ（洗って乾燥させたどくだみの若い葉）
　――5g程度

つくり方

600ccくらいの水にどくだみの葉を入れて沸騰させ、火を弱めて、2〜3分煮出し、漉して飲む。

● どくだみ蚊除けスプレーのつくり方

材料

・どくだみの葉（若芽でなく本葉もよい。洗って、よく乾燥させておく）
・米焼酎（25度以上）
・清潔な瓶、ステンレスざる、ガラスのスプレーボトル

つくり方

①瓶に、どくだみの葉をいっぱいに入れ、焼酎を注ぐ。500ccの焼酎に40g以上葉があると、濃い液ができる。
②3〜4日に一度、瓶をふりながら、最低2週間、できれば1カ月以上置いておく。
③1〜2ヵ月経ったら、しっかり漉して、ガラスの瓶に保管します。（数年保つ）
④使うときに、少量ずつ3〜5倍に水で薄めて、スプレーボトルや別の瓶に保管する。

休み時間

関節は柔らかい？

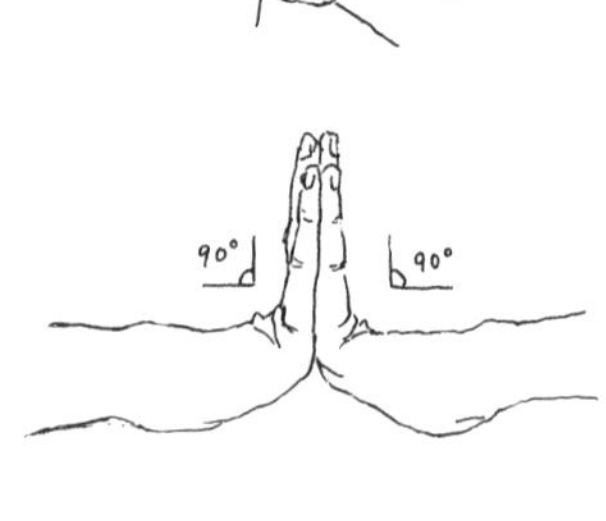

体温、唇、快食快眠快便、と併せてチェックしていただきたいのが、関節の2カ所の柔らかさです。どちらも、東洋伝承の知恵です。

関節チェック一つ目は、4本の指の付け根の柔らかさ。親指は離してください。また、指と指、隣同士は離して大丈夫。でも、4本の指は、ぴったりと付け根まで左右出合わせた状態で、90度曲がれば合格です。繰り返しますが、例えば人差し指と中指といった、横の指同士は離れていて大丈夫。

もし曲がらなければ、血液と欠陥の状態が、理想的でないのかもしれません。逆にいうと、もっと体調はよくなりラクになる可能性が高いということです。診断テストはつい、良し悪しばかり気にしますが、そうではなく「理解」と「受け止めること」に主眼を置いてください。そのクセがついてくると、身体はひとりでに健康になっていきます。まず、自分の身体の状態をよく知りましょう。毎日すごーくがんばっているのですよ。

さて、関節が固い人は、何か食事が合っていない可能性があります。お菓子や嗜好品、動物性食材の食べすぎ。反対に、動物性食材の不足。加工品やスナック、パンなどの過剰摂取と手料理の不足を振り返ってみてください。

反対に、すっと曲がるなら、血液はサラサラで、動脈硬化や血栓症、鉄過剰症や、高脂血症の心配はかなり低いです。ただ、このテスト、貧血は判断できません。いくら関節が柔らかくても、下瞼の裏が、白すぎたり舌を噛むことが多いなら、貧血の可能性がありますから、食事を見直してくださいね。

もう一つの関節チェックは、手首です。左手の親指が、右手で押さえて、左手の腕につけば大丈夫。右手も同様に、左手で押さえて固さを見てください。こちらは、血液ではなく、リンパの状態と左右の卵巣と卵管の状態の判断に役立ちます。これは、現代人のほとんどの方が、食事改善前はつきません。若い方でも固い。子宮や卵巣に関する病気は増加していますが、この診断を絶対視する必要はありません。

けれど毎日、手首と対話しながら、今日の食事はこれでよかったかな。わ、飲み会が続いたら、また固くなっている、など小さな気づきのヒントになります。そうやって、完璧でなくてもできる改善をしていくと、どんどん柔らかくなっていくもの。更年期障害の予防にもとても役立ってくれるので、おすすめです。

家族と台所

6時間目

～台所を通して家族とつながる～

「つくって、みんなで食べる」がもたらしてくれる家族の幸福な時間

幸福にもっとも大きな影響をもたらすといっても過言ではないのが、家族です。家族の団らんは、幸せの基盤。「つくって食べる。みんなで片づける」それだけのことが、現代では、とても難しいのかもしれません。けれど、その時間は、確かに家族の結びつきを強め、病を遠ざけ、大事な時間を守ってくれます。どうか、それぞれの家族のペースで、愉しい台所と食卓の時間を紡げますように。

また、私は外食もとても大事だと思います。台所を大事にするから、出会い、惹かれるお店と料理人があります。おうちのごはんにはない愉しさ。そこから生まれる素敵なコミュニケーションがあります。

上手にできなくてもいいのです。台所は、なぜか強く家族の思い出に残る気がします。

好みの違い

台所の料理を増やすと、夫婦や家族の食の好みの違いがくっきりと浮かび上がってきます。それだけでも、台所に立つ価値があると思います。

外食中心や添加物の多い食事は、合成アミノ酸の味で全員が食べることができてしまいます。でも、手料理だと自分が「これはおいしい」と思った料理への家族の反応が、今ひとつだったり、好きなものが兄弟でも全然違っていたりしますよね。

家族のそれぞれが、何を好きかと考えたり料理したりすることは、相手を理解しようという努力に近いもの。家族の結びつきが強まっていくように思います。

家族の問題に直面したとき、とにかくなんでもいいから、ごはんをつくって一緒に食べることがあるといいように思います。

仕事などで会えない夫婦も、おむすびや何か一品だけでも手料理を渡し続けることは大きな違いを生みます。

元気になるごはんは、実は「好きなものをつくってあげること」だと思います。命を命として扱った料理は、だいたい身体にいいものです。命（植物）をプロダクトとして扱った中食や加工調味料の食べすぎが、だいたい身体を壊します。

何かの食事を嫌がるときは、必要に合っていないことが多いです。もしくは、料理の仕方や素材が食べる人に合っていません。出てきたものを感謝して食べることも大事ですが、必要を尊重することも大事です。

大事なのは、「正しさ」を押し付けることではなく、一人ひとりに合ったものを提供すること。どんな子も、人も、よくなろうとしています。それが、ときに食事を嫌がる行為になっているだけで、本当は何かそこに理由があるのです。

それに気づいて、慌てず、じっとそのことを家族の私たちが、身体にしみ込むまで受け止め、飲み込みましょう。もちろんこれは、怠惰と放任ではありません。

食の好みの違いから、家族の理解が深まるのは、とても素敵です。

台所から、多様性豊かな命としっかり向き合う時間を積み重ねていたら、どっしりと身体に、待つ勇気と「大丈夫」というおおらかさが体感で少しずつ宿ってくると思います。

好みがそれぞれ違うのに、みんながおいしいというものもあります。玄米ごはん、白米、分づき米でもその炊きたてや、スープなど。みんなのおいしいを工夫することは、どちらも納得する言葉や価値観を探るようでもあります。それに素材そのものに忠実につくった一品は、おいしいです。

みんながおいしい。でもやっぱり、違いがあって面白い。台所は多様性と普遍性の行き交う素敵な場所です。

子どものごはん

○授乳期

お母さんの食事が如実におっぱいに反映されます。例えばチョコレートや珈琲などカフェインをとってそのおっぱいを吸わせると、動物性、及び海藻、ミネラルとのバランスにもよりますが、赤ちゃんは寝てくれません。

質がよくない乳製品と、粉もの（菓子パンやクッキー類）は、おっぱいがつまり、乳腺炎の原因になりやすいので、気をつけて。でも、1杯のお味噌汁やぬか漬け、玄米、ひじき、大根菜などをよく噛んで食べることで、ずいぶん改善されます。

○離乳期

お母さんも一番がんばっているときですね。数口でいいので、玄米の重湯を甘くつくって飲ませたり、野菜を炊いて潰すときに混ぜるといいです。また、金属のスプーンより、木のスプーンのほうが好きな子が多いです。食べやすい形を選んであげてください。

食を通じて、子どもたちは、お母さんとおっぱいだけの世界から、外への関心を深めていきます。あくまで、お子さんのペースに合わせてあげましょう。一般の基準に我が子を合わせなくて大丈夫。ちゃんと、後で追いつきます。それより、今をしっかり大事にしてください。そのほうが丈夫な子に育ちます。できるだけ自然に触れさせましょう。

手で触る、落ちる音、噛むときの音、気配、におい。子どもたちは、ものすごいスピードで五感を成長させています。大人の基準で、「ちゃんと食べる」を押しつけ過ぎないであげてください。自分のペースで、ごはんの食べ方もひとりでにゆっくりと上手になります。

○3歳から

徐々に社会性が出てきます。特に年中から小学校2年生くらいまでは、「人と同じ、違う」に興味が出てきますが、コミュニケーションが未熟で、友達関係に悩んだりし始めます。友達に合わせてお菓子を食べすぎて具合が悪くなったりもしますが、決して責めないで話を聞いてあげてください。体調不良も、「身体ががんばっていてすごいね」と励まして味方になってあげてください。きついときに、お母さんが信じて寄り添ってくれた優しさは、一生子どもの土台になります。

他人と同じものを食べたがることも、社会性の芽生えで健全なことです。食べても食べなくても、その子は自分なりの選択をしていて、正しいのです。子どもの一番の食べ物は、親からの信頼、愛情、認めてもらえること。そして、さまざまな全身運動をさせてやりましょう。裸足で走り回ることも大事です。

食においては、「食感」を特に意識してあげてください。大根一つでも、どの大きさと形に切るかで食べやすさが決まります。炒めたり焼いたりした食感が好きな子。茹でたり煮たりみずみずしい食感が好きな子。油が好きな子。それぞれ必要が違います。

子どもは、原型の残っていない食感を好む傾向があります。パンや麺、豆腐、コロッケ、潰して焼いたもの、よくすったもの、油……噛まずに舌で潰して飲み込める食感です。離乳食に近い食べ方です。1日か2日に一度でも、このような食感があると、落ち着きやすいです。ただしパンを頻繁に買って食べると、体液の粘性が増す傾向があるので、気をつけてください。

○小学生以降

徐々に感情が複雑に育って、悔しいこと嬉しいこと、たくさんのチャレンジと挫折が増えていきます。だんだん、親から離れる時間が長くなっていく。だからこそ、おうちの台所が、そこにあること、好きなごはんや家族の笑顔が、安心や活力になるでしょう。

長い目がまだ必要な時期です。特に、小学校2年生から6年生、中学1年生くらいまで、免疫が過剰発達する時期は、個性が欠点として出やすいです。でも、その時期をすぎると、個性がちゃんと長所として出てきます。

それを踏まえて、消化できているかどうかによく気を配ってください。姿勢が悪いときは、胃腸か呼吸器が弱っていることが多く、台所の食事を見直すことが大事です。切り方も大事。口呼吸も菓子パンや清涼飲料水の与えすぎを控えて、手料理中心、玄米やお味噌汁がちゃんと入ってくるとおさまります。

ダラダラしすぎる態度はお菓子の過剰摂取や未消化物が残っている、ミネラル不足などが考えられます。低体温であれば、ミネラルとタンパク質を増やしてみてください。成長期は食べる量も増えます。

思春期も、台所があるおうちは、親との信頼が強いようです。幼児期と同じくらい肉体成長が著しく、親との関係が濃い最後の数年かもしれません。特別なことではなく、台所の音、話を聞くなどが思わぬ助けになります。

○外食

「台所の学校」は、外食も大変推奨しています。真剣なかっこいいお店に(年齢制限を確認して)子どもたちを連れていきましょう。素材を大事にして、腕がある料理人の仕事姿は美しく、そういう方は子どもに優しいです。そんなハレの日の料理や、働く人の仕事ぶりに、子どもたちが言われなくても買い食いをしなくなったり、片づけを学んだりします。

○自由な子育てを。

台所から離れますが、私はときどき、今の若いお母さんが本当に気の毒になります。今の時代は、ささいなことで子どもと親を評価し、とても窮屈ですが、惑わされなくていいです。子育てに必要なのは、何十年も通用する普遍的な価値観です。

お子さんと自身を信じて、お子さんのペースの成長を尊重しましょう。自然農の農家さんのあり方には、子育てのヒントもたくさんあると思います。

男の人のごはん

男性においしく食べてもらう工夫は、何よりも「好きな料理をつくってあげる」につきます。シンプルなことですが、一番大事だと思います。それを踏まえて、「お肉を増やす」などとは別に、喜ばれる工夫を考えてみます。

◯いろいろつくるより、まずごはんと汁物を

たいていの男性は、汁物とごはんの味に女性よりすごく敏感です。あれこれ新しいレシピを挑戦するより、まずは、ごはんと汁物がしっかりおいしくできたほうが、喜ばれやすいように思います。玄米は、最初は苦手な男性も多いようです。反面、女性以上に好きになる男性もとても多いです。炊き方、水やお米選び、工夫を続けてみてください。

◯汁物について

傾向として、若い女性は具沢山を、男性は具は少なく、汁・スープ部分そのもののおいしさを重視します。

普段から乾物はしっかり吟味して用意しておきましょう。私はあおさ、とろろ昆布、昆布、鰹節などは常備しています。たとえ週に一度でも、昆布や鰹節をひいたおすましなどをきちんとつくると、とても喜んでもらえます。

干し椎茸は、必ず砕いてから入れると、においません。塩、醤油、味噌など汁物の味の決め手になるものは、こだわったほうがいいです。お味噌汁に、少しおいしい醤油をたらすことも喜ばれます。ぜひ週に一度でも、味噌を丁寧にすって入れてみてください。

また、多くの場合、女性より男性のほうが塩気と旨みに鈍感で、濃い味を求める傾向があります。身体の構造的に必要なのだと思います。いりこと玉ねぎの旨みの組み合わせは、好きな男性が多くおすすめです。

○野菜にこだわってみる

「オーガニック」には無反応でも、「在来種」「種とり野菜」に感動する男性は多いです。本当においしい大根おろしや人参などのおいしさに唸る男性は大変多いので、試しに種とり農家さんの野菜を取り寄せてみてはいかがでしょうか。

○酸味より辛み

辛味が好きな男性は多いです。スパイスというより、にんにく、生姜、ねぎ、大根おろし、わさび、玉ねぎなどの辛さです。刻みねぎは、よく研いだ包丁できちんと切ると、調味料のように活躍します。

炒め物に、刻み生姜を加えるのもおすすめ。ごま油を熱するときに、一緒に生姜スライスをあたためて香りを移し、そこから炒め始めるとおいしさも倍増します。

男性は女性より酸味に敏感です。女性のほうが酸味に鈍く、多く必要なのです。だから女性にちょうどいい酸っぱさだと、男性には酸っぱすぎることが多いです。

また、酸味はミネラルの吸収を助けてくれます。そのため、夏や汗をかいた後などにミネラルが必要なときは、醤油や塩焼き料理にレモン汁など酸味が加わると、おいしく感じます。

○薬味

きちんとした薬味を好きな男性は多いです。おろし生姜やわさびおろしなどをきちんと用意すると、とても満足感が高まります。

蕎麦も蕎麦自体だけでなく、薬味を愉しんでいる男性は多いもの。蕎麦屋さんには、男性が好きな要素がつまっている気がします。喉越し、新鮮さ、麺つゆ(だし)の香り、薬味。無駄がありません。蕎麦屋さんの一品料理やイタリアンも喜ばれるヒントが多いから参考にするといいでしょう。

○食感

西洋かぼちゃや豆類の食感を嫌がる男性は多いです。納豆や味噌は好きなのに、大豆の煮物はダメな男性が多いように思います。

小豆は、好きな男性は多いのですが、混ぜないほうが好まれます。かぼちゃも、和かぼちゃはさらっと喉越しがよいので、男性にも人気があります。

○形や歯ごたえ

一品だけでも、きちんと切り揃えるだけで、喜ばれます。例えば大根。いちょう切りより、繊維を縦に残した短冊切りにすると、歯ごたえを残した食感になります。

○盛りつけ

男性には、ワンプレートにあれこれ盛らず、おかずごとにきちんと器に盛ることをおすすめします。たいしたメニューでなくても、きちんと一品ずつ、それぞれのお皿や器に盛りつけると、豪華なワンプレートより喜ばれます。男性は色より形です。

○味に保守的

味の冒険を好まない男性は多いと思います。慣れ親しまない食べ物、予想と違う食べ物が出てくると、おいしいかどうかの前に嫌がられることもあります。

変化球のアレンジは、しないほうがよかったりしますね。ただ、素材を活かしたシンプルな炒め物、煮物、蒸し物、漬物などは、ハズレがありません。

○必要

男性は、女性より多くのミネラルと動物性タンパク質と油が必要です。お肉やお魚は女性より多く食べてよいです。下処理はおすすめします。そして、きのこ・豆腐・こんにゃく・大根おろし・味噌・葉物や薬味など消化を助ける食材を組み合わせましょう。

おいしい、元気になる、そして「自分の居場所」を感じられる食卓が大事だと思います。ときには、身体に悪そうなものでも、長い目でみたら、何かの役に立ってくれます。

両親に

あの戦争で、食文化は本当に大きく変わり、体質も大きく変わったのだと、高齢者の85歳以上の方の身体に触れると実感します。

食習慣、生活習慣によっては、早くに体調を崩す方も多くいらして、心配です。けれど、現実には仕事や育児と本当に生活が立ちゆかなくて、苦しい思いもします。

細かなことは、それぞれの家庭の事情があります。ただ、月に一度でも（もっと少なくても）、手料理をつくってあげることは私からのおすすめです。想像以上に喜ばれ、大きな何かになります。

何より自分がすっきりしたり、気づきを得たりします。この先どうやって介護していこうとか、いろいろ不安になることが減ります。台所はやはり不思議な力があります。後から振り返っても、料理をしたことで、後悔のない大事な思い出になるのです。

まだ料理を自分でできる両親なら、調味料や使えそうな乾物、食材などを送ってあげることをおすすめします。慣れないと使ってもらえないかもしれませんが、何か気に入ってもらえれば、それだけで血液の状態が一つよくなり、よい影響があります。

嗜好品がお好きな両親なら、素敵なお店の

品質のよいものや、手づくりのお菓子を贈ってあげるのはいかがですか。年を取ってから、生活習慣を変えるのは難しく、食も愉しみにされているので、細かく口で注意するより、助けになる行動がよいでしょう。

中年から加齢とともに、良質のさまざまなタンパク質は若い頃より多く必要になります。揚げ物も増やしたほうがいい場合があります。良質の油で、胃に負担がかかりませんように。そして、炭水化物の必要量は減少します。炭水化物は、梅干しや漬物ととるほうが、消化が促進されます。梅干しは、血栓症予防にもなり、手づくりや無添加のものの常備はおすすめです。水分は体質によります。

食感には、特に敏感になります。歯の隙間が大きくなったり、若い頃にはなかった食べづらさがあったりするからです。歯に繊維がひっかからないように小さく切るなどしましょう。「食べる」ことを失うと急激に衰えます。咀嚼できるうちに、何かつくってあげてみてください。「食べる」が続くと、自分でもつくり出すことがあります。台所に立つと刺激になって、元気になります。周りの人や子どもと関わるようになると、さらに刺激が増えて、身体を使うほど元気になります。

リウマチや関節の痛みには生姜湿布を。痛みが減り、可動しやすくなります。背中（腎臓）にしてあげるのも、とても喜ばれます。

味覚が衰えるので味は濃いものを求める方も。生姜、梅干し、こしょう、わさびなど、天然の刺激を使うと満足されやすいです。梅醤番茶やごま塩もつくってあげると喜ばれます。

お茶の時間

私の一番の幸せな台所の時間は、お茶を淹れる時間かもしれません。そして、これが不要なようで、実は健康にも、台所を続けるためにも、欠かせません。お菓子とか、お酒とか、お茶とか、お花を生けるとか、誰にでも、何かあると思うのですが、「いらない」「贅沢」と分類できるようで、実は必要なこと。だけど、過剰に消費するし、幸せを壊してしまうもの。こういうことこそ、台所や人の手が関わっていたほうがいいのだと思うのです。

家族でお茶する時間は、我が家では、長女の名前をもじって「愛カフェ（かなかふぇ）」と呼んでいます。「愛カフェしよう」が「みんなでお茶しよう」の意味。彼女が小さなときに、張り切って店長さんになって、家族をお茶に呼んでくれたのがきっかけです。お茶うけは、娘か私の手づくり、スタッフのお手製のものを。大好きなR CINQ FAMILLE（雲仙小浜）のお菓子のときも多いです。

夫とも、朝できるだけ、二人でお茶を飲む時間をもつことにしています。お互いの今の仕事の状況、子どもたちの予定、スケジュール確認など、話し合わないと意外とわからないことだらけ。仕事と子育て、親のこと。交代や分業が多く、多忙でシェアできない夫帰って多いと思います。我が家も同じ。いくら携帯アプリに入力し合っても、やっぱり直接話さないと行き違いが生じてしまうもの。そんなときにお茶の時間があるといいですね。

　もう一つ、私が愉しみにしているのは、自分のためだけにお茶を淹れる時間。さすがに、お仏壇にご挨拶なしにはできなくて、ちょっとお辞儀してから、いただくことにしています。我が家のお茶は、雲仙でつくられた無農薬で、とってもおいしい緑茶、和紅茶、生姜紅茶、桑茶、ほうじ茶が大活躍。特に朝の苦く濃い緑茶は、私の愉しみです。苦い味が大好きな私は、珈琲は深炒りを雲仙の湧き水で淹れています。珈琲は、ベジタリアンをやめて、40歳を過ぎてから飲めるようになりました。ヘルシーな棒番茶もしみじみとおいしく、麦茶もあたたかいのが好きです。雲仙の湧き水は白湯もおいしく、これに春は桜の花の塩漬けを浮かべるのが香りと共に大きな愉しみ。初夏にはどくだみを摘んで、どくだみ茶を淹れるとすっきりします。干しごぼうのお茶や梅醤番茶は、身体の調子を調えてくれます。

　お茶の時間に、私に幸せをくれるのは、湯呑やカップでもあり、またしみじみと、作家さんやお店の方の顔が浮かんできます。野口悦士（のぐちえつじ）さん、オクウンヒ先生、中里隆（なかざとたかし）先生、城谷耕生（しろたにこうせい）さん（刈水庵）、藤田（ふじた）ゆみさん（くらすこと）。どなたも、雲仙への移住がもたらしてくれたご縁。彼らと一緒に料理して食べた時間の記憶も、色濃く残っています。自己主張の強い料理や器が苦手な私は、作品に滲むお人柄に惹かれて選ぶような気がします。

ソト食

みなさん、大好きな「ソト食（外食）」のお店はいくつありますか？　我が家は、大切なお店がいくつもあります。

雲仙周辺だけでも特別なイタリアンレストラン、スイーツ&アイスクリーム屋さん、パン屋さん、カレー屋さん、ワッフル屋さん、カフェ、喫茶室。野菜の直売所「タネト」を始めてから、来てくださるお客さまのお店で、絶対行きたいところがまたぐぐっと増えました。

東京にももちろん、行きつけのお店と喫茶店があり、家族と気のおけない友人と、とても大事なひとときを過ごします。福島の今は、OPTICAL YABUUCHI の藪内義久（やぶうちよしひさ）くんに託した福島のヒトトや全国あちこちに大事な場所があります。

移住の際も、出会ったレストランがすばらしくて、雲仙に決めたくらい、「ソト食（外食）」を台所の手料理と同じく大事にしています。健康にも、そんなソト食時間はとても大事だと思っています。反対に、「家でつくると面倒くさいから」という理由で外食・中食はしません。

よいお店は、素材を大事にしています。そして、過剰に味を盛りません。腕に自信があるし、素材に敬意をはらっているので、客に媚びた味にもしません。訊けば、これはどこどこの◯◯という生産者さんが育てた◯◯で、とすぐに、食材に関わった方の名前が出てきます。そういうお店の料理は、とてもおいしく美しく、特別な時間をもたらしてくれます。

　おいしい料理を食べると、料理が上手になります。自然とその味を目指しはじめるからです。本物の料理には、音と空間、流れがあります。止まっていません。素材という命を活かしているのです。食べるとどんなに油を用いていても、すーっと身体に風が吹いて清涼な水が流れるような感触を覚えます。違和感なく身体に吸収されていく感覚です。見た目や香りや食べ合わせ、インパクトなど、さまざまな側面から、食の喜びを味わえます。

　台所で地道に「切る」を身につけ、食べていると、目と舌の判断力が上がります。すると、頭で「ソト食」や買い物を選ばなくなります。目と口に入ってくる事実で、身体に入れない方がいいかどうかが、わかるようになり、健康にも役立ちます。

　よきソト食に連れて行くことは、食育にもとても役立つと思います。家庭の台所だけでなく、外でも、つくるまでと片づけの大変さを想像できれば、食を粗末にしなくなります。食事のマナーも、外に行く機会があると、きちんと知っておかなければと子どもなりに思うものです。お店を空間で体験できることは、大きな刺激になるでしょう。仕事に厳しく優しい料理人や、農家さんの後ろ姿を見せてやれること自体、大きな学びになるはずです。

休み時間

調子がいいと夢を見ない

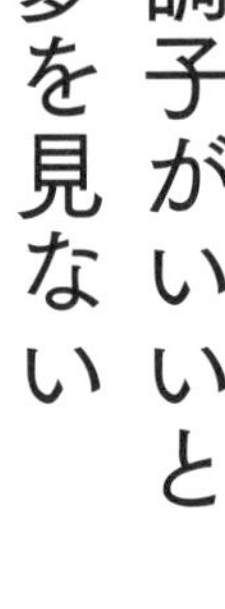

体調と食事が適切かのチェックに役立ててほしいのが「快眠かどうか」です。横になったら、短時間ですーっと眠りにつけ、深く眠れ、目覚めたとき、疲れが取れた実感がある。ぱっと起きられる。大事なバロメーターです。

でも、飲みすぎた翌日の身体の重さ、甘い物やお菓子を食べすぎたとき、腰が痛んで、身体と頭が重く起き上がれない。ある種の薬やカフェインをとりすぎた翌朝は、寝汗がすごい。あるいは食べすぎや貧血でも睡眠は浅く長くなり、起き上がりにくくなります。リンパと内耳の状態がおかしいと、起立しづらくなります。このように睡眠の状態から、食の手がかりを得ることができます。

私が、かつて玄米菜食にハマったのも、しっかり短時間で深く眠れ、疲れが取れ、夢を見ない快適さを手放せなくなったからです。反対に、ベジタリアンをやめたのも、睡眠と体温に変化を感じ出したから。それまでは、玄米菜食で睡眠や貧血の悩みがなくなったのに、２０１５年前後から、菜食だとどう努力しても、起き上がれない、冷える、動けない。まるで玄米菜食以前の食事時代の自分に戻ったようでした。必要な食べ物が加齢や気候変動とともに変わってきたのかなと考えています。

もう一つ、睡眠を判断する際に、夢を見ない、(覚えていない)ことも、大事な条件です。疲れるような不愉快な夢は、血液の状態がよくないサイン。食事や料理が不適切だったり、食べすぎだったり、消化不良なども考えられます。

ただし、大変ショックな事件に巻き込まれた、とか、大切な家族が亡くなったときなど、本当に特別なときは別です。

日常でちょっとした嫌なことをいつまでも夢に見てしまうという場合。体液やリンパ液の代謝が悪い、粘性が高い、擬態語を使うなら、ネトネトドロドロしている。そんな状態だと見聞きした情報や思い、言葉が、体内に留まりやすいです。反対に、サラサラした血液であれば、気持ちや思い、言葉なども、「水に流す」ように、代謝よく過去のものにしやすいです。体温が高いことも、いい意味で、嫌なことを忘れやすくしてくれます。

なお、一杯のお味噌汁を飲むだけで、よいぬか漬けを食べるだけで、血液の状態はずいぶんよくなり、悪夢もぐんと減りますよ。

睡眠と健康と食。どうか、三つとも快適に愉しんでください。

放課後

～プラスチックと日本人～

個人の台所は社会の縮図でもあります。現代の台所には、今の日本社会が表れています。プラごみ、電気依存体質、消費主義と医薬品に頼った経済。輸入がほとんどの食品原材料など。

環境省によれば、日本は世界でプラごみ廃棄量2位という不名誉です。経済至上主義の日本の反映ともいえる一方で、日本人の特性と明治維新以降の紆余曲折も思わずにおれません。

日本人は、もともと壊れやすく、軽い素材に工夫をこらして高い文明を築いてきたように思います。竹ざる、草履、竹傘、竹水筒、さまざまなかご。それがすっぽりそのまま、軽くて加工しやすいプラスチックに移行してしまったように思えるのですが、いかがでしょうか。

童話『3匹の子豚』を読み聞かせるとき、狼の息に吹き飛ばされる藁と木の家の子豚お兄ちゃん2匹に、私はつくづく日本人を重ねてしまいます。災害が多い日本国で、ご先祖は壊れること前提で美と工夫をこらしてきました。そして、吹き飛ばされても、ちゃんと自然に還るものしかありませんでした。

もちろん、かなり古い時代には、場所を見極めて寺院、神社、古墳群と、数百年、数千年の時間軸で建造された遺産もあります。しかし、庶民の生活はもっと、軽い素材が中心に思います。「捨吉」という言葉もあったほどで、私たちが今用いている科学技術の根幹である西洋文明とは、土壌が違うと改めて思うのです。

日本は、明治維新にて、自分たちのオリジナリティに別れを告げ、土壌が違うヨーロッパ風を必死に土台にしました。その反動か、戦時中は「鬼畜米英」と全否定し、戦後はまた天地がひっくり返ったかのようにアメリカを目指します。異文化との同化と失くせないオリジナリティと欲。150年の努力と混乱は、このプラスチック製品（と原発）いっぱいの日本社会に随所に映し出されます。

では、私たちの世代は、次世代に何を残せるでしょうか。私たちはこれまで、先祖の遺産に学んできました。そして、次は何を残すかが、放課後の大事なテーマだと思うのです。社会問題に個人ができることは、抵抗や批判の他にほとんどないかもしれませんが、小さな能動を行えることが、台所のよさで役割です。

プラスチックでいえば、我が家が一番徹底しているのは、ペットボトルを買わないことです。他にも、洗浄用品、弁当箱、農薬、ごみ、生き物のフェアネス……台所や暮らしで、さまざまなトライはできます。

実際、社会に意味を持つかどうかは別ですが、自分の暮らし方は決められます。それでいて、個人の台所は、何千という人の仕事とつながっていますから、他人にも影響はあります。特に今は、さまざまな技術が消えゆかんとしている瀬戸際です。

学びを終えた「放課後」こそ、自由で未来をつくる時間だと思います。

おわりに

お読みくださり、ありがとうございました。

この本は、いわゆるオシャレなレシピ本、ライフスタイル本ではありません。台所での身体の使い方、素材とのコミュニケーションのとり方など、方法を提示しました。「やりたい」と思っても、気持ちだけでは難しいですし、私自身、家事も運動もとても苦手で、四苦八苦したものですから。そして、「本」を通じて、あなた様の人生や時間に出会わせてもらえたことを嬉しく、ありがたく思っています。今どんなときであられるか、いろいろな方の人生を想像しながら書きました。

どうか一つひとつ、なさってみてください。あなたの歩幅を見つけ、まな板のちょうどいい高さ、あなたの目線。私を目指さないでください。あなたが、あなたの身体に出会い、ご自身を獲得なさるために活用してください。みんな違うけれど、自分を活かすのは同じ。道理に則れば、とても美しい姿勢や動きになります。しばらく時間がかかりますが、家事を続けた方の立ち居振る舞い、気配は、加齢と共に、柔らかく美しくなっていきます。内側には、安心や誇りをもたらして、個人を支えてくれます。

台所は、そんな風に、自分の活かし方の場であると同時に、命をくれる素材たちを活かす場です。食材である彼らにとっては最初で最後の死を得、私たちに成り代わってくれます。死と再生・誕生と時。台所は神事の場でもあり、人はみな、自分の家で、巫女さんや神主さんのような役目を果たしてこそ、人なのではないでしょうか。

この本が発刊される2020年は、時代に閉塞感が漂っています。不安と、防御的で排他的な空気が漂い、胸塞ぐ事件やニュースが続いています。明治開国以来150年余。極端に一括すれば、日本人は必死で外国人になろうとしてきたと私は思います。はたと気づけば、イギリス人にもドイツ人にもアメリカ人にもなれなかったけれど、日本人でもなくなってしまった今ではないでしょうか。伝統のあらゆる知恵と技術が喪われると同時に、社会と個人の身体やさまざまに、困難と苦痛として表れているように思います。他者から学ぶことは愉しく不可欠の欲求ですが、オリジナリティの否定ではありません。

「昔に返れ」ではなく、自分・本来に立ち還ることが必然ではと思うのです。その際、政治や社会運動の前に、台所のような一人ひとりの実際と主体が必要ではないでしょうか。現代人は、お金と情報と意識を動かすことを価値とみなしますが、根幹は大量生産できないことであって、身体と時間、無意識を伴う原始的なことに取り組まねば、問題の本質は変わりません。特にSNSはじめバーチャルが大きくなりすぎた現代、自然への最後の身近な扉ともいえ、実際と行いを主とする台所は非常に重要だと思います。

それにしても、いつから台所に立つことは義務になったのでしょう。嫌いな人に料理するならともかく、我が子のために台所に立つことは、人間の権利で喜びでなかったか。親のそんな姿と笑顔だけで、世界一幸せかのような笑顔を見せる無欲な子どもたち。社会がそれを第一優先することが、なぜこんなにも難しいのか、それよりも何が大事だというのでしょう。私たちはみな消えゆくのに。

子どもたちの未来、20年後の世界を想像すると、心配と申し訳なさが先立ちます。けれど世界で、たくさんの方ががんばっておられます。それに人は手間をかけるほど、何かが愛しく愉しくなっていきます。その価値を20年前の私自身、全然わかっていませんでした。だからやっぱり、台所という学校さえあれば、なんとかなるのではと思います。

最後に、農家さん、師匠先生がた、友人たち、古今東西の書籍……いただいてきた、数えきれないおかげさまを、未来の大人であるすべての子どもたちと読者の方への祈りに換えて、謝辞といたします。

令和2年　　奥津典子

装幀――寓村美里（studio nines）
イラスト――川原真由美
写真――繁延あづさ
編集協力――奥津爾
校閲――寺﨑直子
組版――江尻智行（トム・プライズ）
編集――岩名由子（WAVE出版）

【出典】

・P141上の写真
『天然生活』2018年12月号より
・P141下の写真
『ながさきプレス』2016年2月号
「おくつ家の台所じかん」より

奥津 典子　おくつ・のりこ

１９７４年生まれ。東京と長崎育ち。

２００３年に吉祥寺に夫・奥津爾とのユニット、オーガニックベースを立ち上げる。

以来、開催した料理と身体の理論教室は２０００回を超え、食堂やレストランの料理指導、執筆や講演など多岐に活動。

２０１３年より雲仙に家族で移り住み、吉祥寺と雲仙の2拠点で活動。

２０１９年には雲仙・千々石町にオーガニック直売所タネトを夫婦で立ち上げる。

同時に２０１９年より教室名を「台所の学校」と改め、通学とオンデマンドクラスを開催。一男二女の母。

奥津典子の台所の学校

２０２０年3月26日　第1版　第1刷発行

著者　奥津 典子

発行所　ＷＡＶＥ出版
〒１０２-００７４
東京都千代田区九段南３-９-12
ＴＥＬ ０３-３２６１-３７１３
ＦＡＸ ０３-３２６１-３８２３
振替 ００１００-７-３６６３７６
E-mail：info@wave-publishers.co.jp
https://www.wave-publishers.co.jp

印刷・製本　中央精版印刷株式会社

NDC596　207p　19cm　ISBN 978-4-86621-265-4